Captain Robert L. Snow ist Leiter der Mordkommission am Indianapolis Police Department und besitzt Studienabschlüsse der Fächer Psychologie und Kriminalrecht. Er hat vier Bücher über Polizeiarbeit veröffentlicht.

Robert L. Snow

Als ich Carroll Beckwith war

Spurensuche einer Reinkarnation

Aus dem Amerikanischen von
Katrin Marburger

WILHELM HEYNE VERLAG
MÜNCHEN

Heyne Sachbuch
19/749

Titel der englischen Originalausgabe:
LOOKING FOR CARROLL BECKWITH
Erschienen 1999 bei Daybreak Books,
an Imprint of Rodale Books, Emmaus, Pennsylvania

Umwelthinweis:
Dieses Buch wurde auf
chlor- und säurefreiem Papier gedruckt.

Redaktion: Verlagsbüro Dr. Andreas Gößling
und Oliver Neumann GbR

Deutsche Erstausgabe 12/2000

http://www.heyne.de
Printed in Germany 2000
Umschlagillustration: Detroit Institute of Arts.
Die Illustration zeigt ein Selbstporträt
von Carroll Beckwith aus dem Jahre 1898
Umschlaggestaltung: Hauptmann & Kampa Werbeagentur, CH-Zug
Herstellung: Helga Schörnig, München
Satz: ew print & medien service gmbh, Würzburg
Druck: Ebner Ulm

ISBN 3-453-18101-8

Für Rebecca.
Wer immer du auch bist.

Kapitel 1

Mir ist etwas gelungen, das vorher noch niemand geschafft hat. Ich habe Beweismaterial zusammengetragen, das keinen Zweifel an der Existenz eines früheren Lebens zulässt. Die Beweise, die ich während dieser zweijährigen Nachforschungen ans Tageslicht gebracht habe, sind erdrückend. Wenn es sich hierbei um einen Kriminalfall handelte, würde es aufgrund der eindeutigen Beweislage bestimmt kein *Plea bargaining* geben, jenes im amerikanischen Rechtswesen zulässige Verfahren, bei dem ein Angeklagter dem Gericht durch Schuldbekenntnis die Prozessdauer verkürzt und dafür ein verringertes Strafmaß zugesichert bekommt. Es würde zu einer Verurteilung ohne Wenn und Aber kommen.

Für einen Police Captain ist das natürlich eine kühne und radikale Behauptung, denn ein Polizist hat nach wie vor einen der konservativsten Berufe auf der Welt. Als Police Captain erwartet man von mir, dass ich solchen fragwürdigen Vorstellungen keinerlei Beachtung schenke, dass ich pragmatisch, vernünftig und nüchtern bin. Ein Police Captain hat mit beiden Beinen auf der Erde zu stehen. Wenn ich erzählte, dass ich mich mit früheren Leben befasst habe, würde man mich wahrscheinlich in eine Schublade mit den Leuten stecken, bei denen die meisten Polizisten nur die Augen verdrehen, die sie kurzerhand als Durchgeknallte und Spinner abtun.

Da sich meine Beschäftigung also mit meiner damaligen Position bei der Polizei nicht vereinbaren ließ, vertraute ich einzig und allein meiner Frau an, was ich tat und was ich während meiner Untersuchungen herausgefunden hatte. Meine Frau arbeitet als Detective beim Indianapolis Police Department und ihr offenbarte ich mich, weil ich einen Advocatus Diaboli brauchte. Melanie machte ihre Sache gut – sie gab sich wahnsinnige Mühe, andere Erklärungen für meine Ergebnisse zu finden, vor allem, als die Fakten immer eindeutiger dafür sprachen, dass ich tatsächlich auf ein früheres Leben gestoßen war. Als ihr schließlich die »logischen« Erklärungen ausgingen, räumte sie endlich widerwillig ein, dass ich wirklich Bemerkenswertes herausgefunden hatte.

Da mich nach Abschluss meiner zweijährigen Nachforschungen der Gedanke beunruhigte und verunsicherte, wie andere darauf reagieren würden, fragte ich Melanie, was ich ihrer Meinung nach mit den Fakten anstellen sollte, die ich aufgedeckt hatte. Nach langer Überlegung antwortete sie schließlich: »Weißt du was, ich glaube, du solltest deine Entdeckungen für dich behalten. Die Leute denken sonst, du wärst übergeschnappt.« Wir stritten ein wenig darüber und ich argumentierte, dass Melanie über meine Entdeckungen ebenso verblüfft war wie ich und ihr keine andere schlüssige Erklärung eingefallen war als meine.

Trotzdem schüttelte sie den Kopf. »Schau mal«, sagte sie, »du bist Police Captain. Mit solchen Dingen solltest du nichts zu tun haben. Glaub mir, die Leute würden das nicht verstehen.«

Da ich Melanie immer für vernünftig gehalten hatte, folgte ich ihrem Rat, der mir damals sehr klug zu sein schien. Bald darauf erzählte mir ein anderer Police Captain in einem Gespräch über den Mord an einem Polizisten aus Indianapolis, dass er beim Auffinden von dessen Leiche eine außerkörperliche Erfahrung gemacht habe. Mehr noch als die Geschichte selbst verblüffte mich, dass der Captain anscheinend völlig unbekümmert darüber sprach, und ich vermutete, dass solche Dinge vielleicht häufiger vorkamen, als ich gedacht hatte. Daher begann ich, auf unserem Polizeirevier unauffällige Nachforschungen darüber anzustellen, welche Erfahrungen meine Kollegen mit übersinnlichen Dingen hatten. Das Ergebnis erstaunte mich sehr.

Zahlreiche Polizisten berichteten offenbar ganz ohne Verlegenheit oder Widerwillen von ihren übersinnlichen Erlebnissen. Zwei Beamte erzählten mir, sie seien Zeuge gewesen, wie sich in einem Haus, über das die Nachbarn geklagt hatten, weil es dort spuke, auf unerklärliche Weise Gegenstände bewegten. An der Spitze unseres Polizeireviers hielt man den Bericht dieser Beamten offensichtlich für glaubwürdig. Es wurde zwar kein Aufhebens darum gemacht, doch sandte man den Polizeikaplan zu dem Haus hinaus, damit er feststelle, ob er es segnen oder böse Geister austreiben konnte. Ein weiterer Beamter, der von einem übersinnlichen Erlebnis berichtete, war ebenfalls ein Police Captain;

ich hielt ihn für außerordentlich charakterfest und absolut zuverlässig. Er schilderte, dass er sich selbst während einer Schießerei mit bewaffneten Räubern von hoch oben gesehen habe. Diese Beamten so ohne Scheu oder Verlegenheit über Erfahrungen sprechen zu hören, die pragmatische, vernünftige und nüchterne Leute eigentlich nicht haben sollten, ermutigte mich schließlich, zu erzählen, was ich im Laufe meiner Untersuchungen herausgefunden hatte.

Bis zum Beginn meiner Nachforschungen hatte ich niemals ernsthaft über die Vorstellung nachgedacht, dass irgendjemand, der heute auf der Welt ist, zuvor bereits andere Leben gelebt haben könnte. Das passte nicht in mein Weltbild. Ich war in einer strengen methodistischen Familie von einer Mutter erzogen worden, die sich gewissenhaft darum kümmerte, dass ihre Kinder mindestens einmal in der Woche – und oft noch häufiger – in die Kirche gingen. In all den hunderten von Sonntagsschulstunden und Gottesdiensten, die ich besuchte, hörte ich niemals jemanden von früheren Leben sprechen und so dachte ich während der meisten Zeit meines Lebens, dass der Glaube an frühere Leben und Wiedergeburt im Grunde nichts Amerikanisches, sondern lediglich ein Teil bestimmter fernöstlicher Philosophien und Religionen sei. Die Einzigen, die in Amerika an Wiedergeburt glaubten, dachte ich, waren Spinner und durchgeknallte Typen, Leute, die niemand ernst nahm.

Dass einige Amerikaner, die an frühere Leben und Wiedergeburt glauben, gebildete und anscheinend normale Menschen sind, wurde mir zum ersten Mal durch ein Buch bewusst, das ich bei einem Buchklub bestellt hatte. Ich bin immer eine Leseratte gewesen und aus diesem Grunde Mitglied in mehreren Buchklubs. Meine Liebe zum Lesen habe ich von meiner Mutter, die, abgesehen von ihrer tiefen Religiosität, ebenfalls ein Büchernarr war und diese Begeisterung an ihre Kinder weiterzugeben versuchte. Wenn ich mich an meine Kindheit erinnere, kommt es mir so vor, als ob ich mit meiner Mutter nie irgendwo anders hingegangen wäre als in die Kirche oder in die öffentliche Bücherei.

In dem Buch, das ich bestellt hatte, berichtet ein angesehener amerikanischer Arzt von seiner Beschäftigung mit Wiedergeburt und früheren Leben. In der Broschüre des Buchklubs stand, dass er zuvor bereits Nahtoderfahrungen von Menschen untersucht hatte. Die Buchbeschreibung klang nun so interessant und exotisch zugleich, dass ich es mir bestellte, und zwar hauptsächlich aus Neugier – aus demselben Grund hatte ich mir bereits Bücher über Zenbuddhismus, Satanismus und internationalen Terrorismus schicken lassen. Nicht, weil ich persönlich ein Anhänger dieser Glaubensrichtungen oder Praktiken bin oder den entsprechenden Theorien Glauben schenke, nein, ich finde sie und die Gründe, weshalb Leute daran glauben, einfach interessant.

Als ich ein paar Wochen später das Buch mit dem Titel *Coming Back* erhielt, setzte ich mich eines Abends hin und las das schmale Bändchen in einem Atemzug durch. Es entpuppte sich als gut geschriebener Bericht darüber, wie der Arzt Raymond A. Moody junior trotz seiner anfänglichen Skepsis einem Freund gestattet hatte, ihn zu hypnotisieren und in neun verschiedene Leben zurückzuführen, die er vermutlich gelebt hatte.

Die Theorie der hypnotischen Rückführung in frühere Leben schien mir bei der Lektüre des Buches relativ einfach zu sein. Ein hypnoseerfahrener Therapeut versetzt einen Klienten zunächst in einen hypnotischen Trancezustand, bevor er ihn einfach dazu auffordert, sich an ein früheres Leben zu erinnern. Dem Buch zufolge kann dies sehr hilfreich sein, da die psychischen Probleme, die viele Leute gegenwärtig haben, angeblich von traumatischen Erlebnissen aus einem ihrer früheren Leben herrühren.

Einige Psychotherapeuten haben herausgefunden, so Dr. Moody, dass die Rückführung einer Person zu einem traumatischen Ereignis in einem früheren Leben, das Wiedererleben dieses Ereignisses und das Gespräch darüber die Symptome ihres Problems lindern und zuweilen sogar völlig beseitigen kann. Ob die früheren Leben real oder nur in der Fantasie existieren, spielt dabei laut vielen Psychotherapeuten, die diese Methode anwenden, keine Rolle. Wenn sie einem Klienten real erscheinen, dann kann die Rückführungstherapie psychische Probleme lösen.

Bei der Lektüre von *Coming Back* kam mir der Gedanke, dass unter Hypnose heraufbeschworene so genannte frühere Leben einer rationalen Untersuchung wohl kaum standhalten dürften. Unter Hypnose wird man ja dazu ermutigt, sich zu entspannen, die Haltung des kritisch Hinterfragenden aufzugeben, aus der Reserve zu kommen und allen Eindrücken gegenüber ganz offen zu sein. Wenn also ein Hypnotiseur einen Klienten bittet, sich ein früheres Leben vorzustellen, könnte dessen Fantasie ohne weiteres eine »Erinnerung« heraufbeschwören, die sich auf etwas bezieht, das die Person gelesen, gehört oder im Kino gesehen, jedoch wieder vergessen hat. Während eine kleine Gruppe von Psychiatern und Psychologen glauben, dass die Erinnerungen an frühere Leben real seien, halten die meisten Psychotherapeuten solche Erinnerungen schlicht für das Ergebnis einer regen Fantasie. Das war auch meine Meinung.

Als ich Dr. Moodys Buch las, wusste ich bereits ein wenig über Rückführungshypnose, da sie damals gerade Einzug ins Strafrecht gehalten hatte, bisher allerdings nicht gerade unter angenehmen Umständen: Im Strafrecht wurde sie nicht als Therapieform eingesetzt, sondern vielmehr als eine Möglichkeit, Leute zum Ausgraben von lang unterdrückten Erinnerungen daran anzuregen, dass sie Opfer einer Straftat geworden waren. Einige von ihnen waren unter Hypnose in die Kindheit ihres jetzigen Lebens rückgeführt worden und hatten sich daran erinnert, körperlich missbraucht oder sexuell belästigt worden zu sein, und zwar in der Regel durch einen nahen Verwandten. Diese Erlebnisse sollen so traumatisch gewesen sein, dass die betroffenen Personen jede bewusste Erinnerung daran verdrängt hatten und diese nur unter Hypnose wieder zutage traten.

Während sich einige dieser unter Hypnose herbeigeführten Erinnerungen als real erwiesen, entpuppten sie sich leider in anderen berühmten Fällen als bloße Reaktion auf bestimmte Vorgaben des Hypnotiseurs. Dieser hatte seinen Klienten offenbar nahe gelegt, nur ein Missbrauch während der Kindheit könne die Ursache ihrer gegenwärtigen Probleme sein. Eine andere Erklärung gebe es nicht. Der Hypnotiseur beharrte auf dieser Ansicht, entwarf mögliche Szenarien oder deutete sie so lange an, bis die Klienten sich an den Missbrauch »erinnerten«. Aufgrund dieser Fälle betrachten die meisten Polizisten die Rückführungshypnose mit großer Skepsis. Auch ich wurde bei der Lektüre von Dr. Moodys Buch unwillkürlich an diese Fälle erinnert und fragte mich, ob die Erinnerung an frühere Leben nicht ebenfalls lediglich auf Vorgaben eines Hypnotiseurs beruhte.

Interessant fand ich, dass Dr. Moody in *Coming Back* seine Erfahrungen unter Hypnose zwar durchweg anschaulich und begeistert schildert, am Schluss seines Buches jedoch auf Nummer Sicher geht; er sagt nicht, er sei völlig davon überzeugt, dass das, was er während seiner Rückführung gesehen hat, wirklich frühere Leben waren. Man merkt seinen Worten an, dass er daran zweifelt, so wie ich es nach der Lektüre des Buches ja auch tat. Das war zwar alles ganz interessant, aber wahrscheinlich beruhten doch alle Rückführungen in frühere Leben, die jemand unter Hypnose erlebt zu haben glaubte, auf Vorgaben des Hypnotiseurs. Wenn nicht, warum hatte ich dann noch nie von jemandem gehört, der ein früheres Leben überzeugend dokumentiert hat?

Einige Monate später – ich war inzwischen zu anderer Lektüre übergegangen und dachte kaum noch an Dr. Moodys Buch – ging ich auf eine Party der Marion-County-Familienberatung, bei der meine Frau als Detective in Fällen von Kindesmissbrauch arbeitete. Dort unterhielt ich mich mit einer ihrer Kolleginnen, Cathy Graban, die außerdem praktizierende Psychologin ist. Damals wusste ich nicht, dass Cathy in ihrer Praxis auch die hypnotische Rückführungstherapie durchführte. Ich versuchte mich im Smalltalk, wie man es auf

Partys eben tut, und nachdem wir über die Filme geplaudert hatten, die wir unlängst gesehen hatten, begannen wir über die Bücher zu sprechen, die wir in letzter Zeit gelesen hatten. Da ich wusste, dass Cathy Psychologin war, erwähnte ich, dass ich vor einigen Monaten das Buch von Dr. Moody gelesen hatte.

»Und, wie fanden Sie es?«, fragte Cathy.

Ich zuckte die Achseln. »Ach, es war schon ganz gut geschrieben, aber ich weiß nicht. Ich glaube, hinter dieser Rückführung in frühere Leben stehen wohl vor allem Leute mit viel Fantasie. Wahrscheinlich Leute, die einfach ihre Probleme auf etwas abwälzen wollen, für das sie in der Gegenwart nicht verantwortlich gemacht werden können. Und außerdem«, fügte ich mit wissendem Lächeln hinzu, »wenn es wahr ist, warum hat dann noch nie jemand bewiesen, dass er schon einmal gelebt hat?«

Wenn man bedenkt, dass Cathy in ihrer Praxis regelmäßig hypnotische Rückführungen durchführte, muss meine Haltung zweifellos anmaßend gewirkt haben; doch Cathy hörte mir weiterhin sehr liebenswürdig zu. Als ich fertig war, ließ sie einen Moment verstreichen, bevor sie mich höflich dazu aufforderte, meine Überzeugungen auf die Probe zu stellen. Sie schrieb mir den Namen einer Kollegin, die ebenfalls mit hypnotischer Rückführung arbeitete, auf eine Karte und auch wenn ich nicht weiß, was sie damals beabsichtigte, so spürte ich doch an jenem Abend, dass sie mich im Grunde auf die Probe stellen wollte. Sie wollte prüfen, ob ich mich traute, für mich selbst herauszufinden, ob die ganze Sache wirklich so faul war, wie ich glaubte. Ich bin nicht sicher, warum ich mich darauf einließ, da ich ja damals nicht an Rückführung unter Hypnose glaubte. Vielleicht lag es einfach daran, dass sich die Party ihrem Ende entgegen neigte und ich zu viel getrunken hatte; aber wahrscheinlicher war, dass ich glaubte, ängstlich zu wirken, wenn ich Nein sagte. Also beschloss ich, die Herausforderung anzunehmen und es mit der hypnotischen Rückführung zu versuchen.

Obwohl ich Cathy gesagt hatte, ich würde die Rückführung unter Hypnose ausprobieren, unternahm ich zunächst nichts. So vergingen nach diesem Gespräch mehrere Monate, bis ich endlich mit Cathys Kollegin einen Termin vereinbarte. Als ich am Tag nach der Party wieder klarer im Kopf war und logischer denken konnte, tat ich das Ganze als alberne Zeitverschwendung ab und vergaß es einfach. Vermutlich hätte ich nie eine hypnotische Rückführung mitgemacht, wenn Cathy mich nicht bei jeder zufälligen Begegnung gefragt hätte, ob ich bereits einen Termin vereinbart hätte. Da Cathy und ich uns nicht besonders nahe standen, wusste ich nicht recht, ob das einfach ihre Masche war, um die Distanz zwischen Captain und Streifenpolizistin zu verringern, oder ob ihr Interesse echt war. Je öfter ich jedenfalls sagte, ich hätte noch keinen Termin, desto fadenscheiniger klangen meine Ausreden. Endlich war ich es leid, mich herauszureden, und rief die Psychologin an, um einen Termin zu vereinbaren.

Bei dem Gedanken, wirklich dort hinzugehen, wurde ich sofort unruhig und nervös. Ich wusste bereits einiges über Hypnose. Sie wurde nicht nur eingesetzt, um verdrängte Erinnerungen an Kindesmissbrauch wieder auszugraben, sondern kam seit einiger Zeit auch bei Polizeiverhören zum Einsatz – mit widersprüchlichen Ergebnissen und unterschiedlicher Akzeptanz seitens der Gerichtshöfe. Gelegentlich ließ die Polizei Augenzeugen eines Verbrechens hypnotisieren, um aus den tieferen Schichten ihres Gedächtnisses Erinnerungen hervorzuholen, zu denen sie anders keinen Zugang mehr hatten. Zahlreiche Strafrechtler betrachteten diese Methode jedoch – ebenso wie die hypnotische Rückführung zur Wiedererlangung der Erinnerung an Kindesmissbrauch – als keineswegs verlässlich.

Durch mein Wissen über die polizeiliche Anwendung der Hypnose war mir auch bekannt, dass man unter Hypnose nicht die Kontrolle über sich selbst verliert und nicht der beherrschenden Macht des Hypnotiseurs ausgeliefert ist, wie so viele Bühnenhypnotiseure ihr Publikum glauben machen wollen. Was mich beunruhigte und nervös machte, war also nicht die Angst vor Kontrollverlust. Im Gegenteil. Ich war mir sicher, dass ich einen viel zu starken Willen hatte, um hypnotisiert werden zu können. Stattdessen würde ich eine ziemlich unbehagliche Stunde mit einer Person verbringen, die mich davon zu überzeugen versuchte, dass ich hypnotisiert sei, während ich genau wusste, dass das nicht stimmte.

Als ich an einem Dienstagnachmittag nach der Arbeit schließlich zur Praxis der Psychologin Dr. Mariellen Griffith fuhr, stellte ich fest, dass sich diese inmitten einer Gruppe von alten Häusern oben im Norden von Indianapolis befand. Die Häuser waren lange vor der Zeit gebaut worden, in der diese Gegend dicht besiedelt wurde, und hatten sicher einmal vor allem Ärzte und Zahnärzte beherbergt. Doch ringsum standen nun Dutzende neuer Gebäude und Bürokomplexe, in welche die Ärzte und Zahnärzte wohl umgezogen waren, denn in dem Haus, in dem sich Dr. Griffith' Praxis befand, waren vor allem Versicherungsgesellschaften und kleinere Firmen ansässig.

Eine Viertelstunde vor der vereinbarten Zeit fuhr ich meinen Wagen auf den Parkplatz, dann saß ich da und überlegte, wie ich mit etwas umgehen sollte, von dem ich inzwischen überzeugt war, dass es ziemlich unangenehm werden würde. Ich stellte mir vor, wie ich in der Praxis sitzen und versuchen würde, höflich zu sein, während Dr. Griffith eine Uhr oder irgendeinen Talisman vor mir pendeln lassen würde, oder was immer Hypnotiseure auch taten. Sie würde mir sagen, wie müde ich werde. Doch ich würde nicht müde werden, sondern mich lediglich langweilen und ich würde mir lächerlich vorkommen. Es war einfach klar, dass die ganze Sitzung sehr unerquicklich werden würde.

Doch ich hatte nun einmal den Termin vereinbart und es kam überhaupt nicht infrage, Cathy mit der Mitteilung gegenüberzutreten, dass ich zwar einen Termin gehabt, aber nicht eingehalten, mich vor der Herausforderung also gedrückt hätte. Das hätte ja so ausgesehen, als ob ich mich vor der Wahrheit fürchtete. Ein Polizeirevier hat eine Hierarchie, in welcher der Captain ziemlich weit oben steht. Ein Police Captain fürchtet sich nicht vor so etwas Albernem wie Hypnose. Also beschloss ich, das Ganze durchzuziehen. Ich würde mit Dr. Griffith zusammenarbeiten, so gut es ging, und mir alle Mühe geben. Und Cathy würde mir nicht vorwerfen können, ich hätte es nicht versucht.

Schließlich atmete ich tief durch, schloss mein Auto ab und marschierte in das ziemlich düstere und, wie ich fand, deprimierende Gebäude. Eine Weile irrte ich in den Gängen umher, bis ich entdeckte, dass Dr. Griffith und mehrere andere Praxen eine gemeinsame Rezeption hatten. Ich nannte meinen Namen, nahm Platz und griff zu einer alten Ausgabe des *Time*-Magazins.

Wenig später führte mich die Dame von der Rezeption in Dr. Griffith' Praxis, einen recht dunklen Raum mit der üblichen Patientencouch, daneben einem Stuhl und einem Schreibtisch aus Holz, der aussah, als sei er schon alt gewesen, als Freud noch praktizierte. Dr. Griffith, eine große, gertenschlanke Frau mit einer außergewöhnlichen, fast melodischen Stimme, muss meinen Widerwillen und meine Nervosität gespürt haben und wollte mit einem Lächeln und einer liebenswürdigen Begrüßung anscheinend gleich dafür sorgen, dass ich mich wohl fühlte.

»Bitte, nehmen Sie Platz«, sagte sie, nachdem wir einander vorgestellt hatten, und deutete auf die Couch, während sie sich auf den Stuhl daneben setzte. Dann stellte sie mir ein paar Fragen, worauf ich eine Weile von mir und meiner Familie erzählte. Ich wollte nicht unhöflich sein, daher sagte ich ihr nicht, dass ich nur wegen einer Art Wette dort war, auch wenn ich vermutete, dass Cathy es ihr vielleicht verraten hatte. Dr. Griffith schien sich besonders für meine Arbeit als Police Captain zu interessieren und stellte mir diesbezüglich einige Fragen. Schließlich aber schaute sie mich lächelnd an und fragte: »Also, wobei glauben Sie, Hilfe zu brauchen?«

Nachdem ich ein wenig herumgedruckst hatte, erzählte ich ihr, dass ich eigentlich keine Probleme hatte, an denen ich arbeiten müsste, sondern lediglich dachte, dass Rückführung in frühere Leben interessant klang und ich das mal ausprobieren wollte.

Das schien Dr. Griffith kein bisschen zu stören oder zu überraschen, sie sagte jedoch, dass sie mir, bevor wir anfingen, ein paar Dinge über die hypnotische Rückführung erklären müsse. In den nächsten Minuten beschrieb sie, dass in meinem Unterbewusstsein mein »höheres Selbst« wohne, eine Art Geist, der mich durch unsere hypnotische Sitzung geleiten und mich nur diejenigen Teile aus meiner Vergangenheit sehen lassen werde, von denen er spüre, dass sie mir in diesem Leben helfen könnten. Danach schilderte sie, dass ich während der Rückführung von einem beschützenden weißen Licht umgeben sein werde. Ich musste mir ein Lächeln verbeißen. Viele Jahre lang war ich nun Polizist und der Gefahr schon oft begegnet. Ich hatte durchgedrehten Menschen mit Schlachtermessern und Knarren gegenübergestanden, auch tollwütigen Hunden, und einmal hatte ich in einem schmalen Korridor in der Falle gesessen, neben mir einen Mann, der mir eine Pistole auf die Brust setzte und schrie, er werde mich umbringen. Als Polizist hatte ich die vielen, vielen furchtbaren Dinge gesehen, die Menschen einander antun, und ich glaubte daher nicht, dass ich unter Hypnose auf irgendetwas stoßen würde, das mir Angst machen oder mich aus der Fassung bringen könnte. Trotzdem nickte ich höflich und hörte weiter zu.

Endlich atmete Dr. Griffith tief durch und beugte sich vor, forderte mich dazu auf, es mir bequem zu machen, damit wir anfangen könnten. Bei der Vereinbarung des Termins hatte man mir mitgeteilt, ich könne meinen eigenen Kassettenrekorder mitbringen; das hatte ich auch getan. Ich hatte wirklich das Bedürfnis, notfalls zu beweisen, dass ich während der Sitzung mein Bestes gegeben hatte. Ich beugte mich hinüber zum Rekorder und drückte auf die Aufnahmetaste; dann wartete ich darauf, dass Dr. Griffith begann, mit irgendetwas vor meinem Gesicht zu pendeln und mir zu sagen, wie müde ich würde. Doch das tat sie nicht. Stattdessen forderte sie mich einfach auf, die Augen zu schließen und ihr unser Wohnzimmer zu Hause zu beschreiben. Das tat ich ein paar Minuten lang; ich erzählte ihr, wie die Möbel standen, was an den Wänden hing, wo sich die Bücherregale befanden und so weiter.

»Suchen Sie sich in Ihrem Wohnzimmer den Platz, den Sie am gemütlichsten finden, und stellen Sie sich vor, dort zu sitzen«, forderte sie mich auf.

Ich habe einen dick gepolsterten blauen Sessel, in dem ich beim Lesen sitze, und den stellte ich mir vor.

»Und jetzt stellen Sie sich vor, wie Ihr höheres Selbst ins Zimmer kommt und Sie begrüßt«, sagte Dr. Griffith.

Auch das tat ich, obwohl ich mich, während ich dort mit geschlossenen Augen auf der Couch saß, unwillkürlich fragte, was um alles in der Welt ich da tat, vor allem, als sie mich fragte, was mein höheres Selbst anhatte. Verdammt, woher sollte ich das wissen? Schließlich war das ihr Tagtraum. Doch ich beschloss, es zu versuchen.

»Weiß«, antwortete ich. »Ein langes weißes Gewand.« Trugen so was nicht alle Geister?

»Können Sie sehen, welche Augenfarbe Ihr höheres Selbst hat?«

»Braun«, erwiderte ich. Da ich braune Augen habe, nahm ich an, dass dies auch bei meinem höheren Selbst so sein würde.

»Ihr höheres Selbst steht da und fragt, ob Sie bereit sind, eine Reise anzutreten. Es sagt, dass es Sie auf Ihrer Reise führen und beschützen wird.«

O Gott, dachte ich, während ich mich bemühte, weiterhin ein ernstes Gesicht zu machen, ich glaube einfach nicht, dass ich das hier wirklich tue.

»Ich zähle jetzt von zehn rückwärts«, fuhr Dr. Griffith fort. »Und mit jeder Zahl entspannen Sie sich mehr. Zehn.«

An dem Punkt erforderte es meine ganze Willenskraft, nicht die Augen zu öffnen und ihr zu sagen, dass wir beide nur unsere Zeit verschwendeten. Doch ich hielt die Augen geschlossen und sagte nichts.

»Sie ... gehen ... tiefer«, sagte sie mit einer Pause zwischen jedem Wort; sie zog ihre Sätze regelrecht in die Länge. »Neun. Immer entspannter. Acht. Tiefer und tiefer. Entspannter. Sieben. Immer entspannter. Sechs. Tiefer. Fünf. Tiefer und tiefer.«

Ich stellte fest, dass Dr. Griffith' Stimme immer mehr der eines Bühnenhypnotiseurs ähnelte, einem von der Sorte, die sagen: »Sie werden müüüde, so müüüde.« Doch ich spürte nichts außer der reichlich harten Couch unter meinem Hintern und dem Boden unter meinen Füßen.

»Vier. Entspannt.« Jedes von Dr. Griffith' Worten schien nun ein paar Sekunden zu dauern. »Drei. Immer entspannter. Zwei. Tiefer. Eins. Jetzt sind Sie entspannter. Viel entspannter.«

Ich war überhaupt nicht entspannt. Ich war angespannt, denn ich fühlte mich – und sah bestimmt auch so aus – wie ein absoluter Vollidiot, weil ich mich zu dem Zeug hier hatte verleiten lassen. Ein Police Captain, der mit geschlossenen Augen dasitzt und darauf wartet, in ein früheres Leben zurückversetzt zu werden. Mir wurde klar, dass ich das nie hätte tun sollen.

»Und jetzt schauen Sie sich in Ihrem Wohnzimmer um und betrachten Sie die Möbel und die Bücher. Sehen Sie Ihr höheres Selbst vor sich stehen. Sie fühlen sich wohl, entspannt und geborgen.«

Im Bemühen mitzumachen, stellte ich mir vor meinem geistigen Auge mein Wohnzimmer vor, dazu jemanden, der aussah wie ich und in einem weißen Gewand vor meinem blauen Sessel stand.

»Nun möchte ich, dass Sie an ihre Abschlussfeier am College zurückdenken. Sie sehen sie vor sich, beschreiben Sie sie mir.«

Also begann ich, Dr. Griffith von jener Abschlussfeier zu erzählen. Ich musste mich konzentrieren, da es fast zwanzig Jahre her war, doch ich tat mein Bestes.

»Und jetzt gehen Sie bitte zurück zur Highschool«, sagte Dr. Griffith, als ich mit meiner Beschreibung fertig war. »Versuchen Sie, sich an etwas zu erinnern, das Sie auf der Highschool erlebt haben, und es mir zu beschreiben.«

Ich erzählte ihr von einem Schulball, auf dem ich gewesen war, und zwar war ich nicht mit einem Mädchen hingegangen, sondern man hatte mich gefragt, ob ich bei der Beleuchtung helfen wollte. Das klang damals ganz klasse, viel besser, als mit einem Mädchen hinzugehen, denn es bedeutete, dass ich auf dem Gerüst hoch über dem Turnhallenboden herumklettern durfte.

»Gut«, sagte sie danach, »und jetzt zurück zur Junior Highschool. Erzählen Sie mir von irgendetwas, das Sie dort erlebt haben, und versuchen Sie, es sich ganz genau vorzustellen.«

Diesmal musste ich erst eine Weile nachdenken, doch endlich kam mir eine Erinnerung, und ich berichtete von einem Vorfall in einer Geschichtsstunde, in der unsere Lehrerin erklärt hatte, dass sie Fidel Castro, der ungefähr ein Jahr zuvor in Kuba an die Macht gekommen war, nicht leiden könne. Ich erinnerte mich daran, weil ich ihre Begründung so merkwürdig fand. Sie lehnte Castro nicht ab, weil er Kommunist, Diktator oder gar ein schlechter Mensch war, sondern weil er einen Bart trug.

»Gehen wir nun zurück zur Elementary School«, sagte Dr. Griffith, »und versuchen Sie, ein Bild von etwas vor Augen zu bekommen, das damals passiert ist.«

Es wurde allmählich immer schwieriger und ich brauchte ungefähr eine Minute, um mich endlich an etwas zu erinnern und ihr einen Vorfall zu schildern, bei dem ich das Gefühl gehabt hatte, dass eine meiner Lehrerinnen sich von religiösen Vorurteilen leiten ließ. Die Eltern einer meiner Klassenkameradinnen wollten eine Einverständniserklärung nicht unterschreiben, die ihrer Tochter den Besuch des Religionsunterrichts in einer nahe gelegenen Kirche erlaubte. Von der Zeit an schien die Lehrerin das Mädchen auf dem Kieker zu haben und zu benachteiligen.

»Gehen Sie nun zurück zu Ihrer frühesten Kindheitserinnerung. Stellen Sie sich diese bildlich vor und beschreiben Sie sie mir.«

Während ich Dr. Griffith eine Erinnerung an etwas schilderte, das ich als Drei- oder Vierjähriger erlebt hatte, versuchte ich mir ihre nächste Frage vorzustellen. Es würde mir schwer fallen, nicht zu lächeln, wenn sie mich nach Erinnerungen an den Mutterleib oder an ein früheres Leben fragen würde. Dazu würde ich ihr überhaupt nichts sagen können, doch erfinden würde ich ganz bestimmt nichts.

Nach der Schilderung meiner frühesten Erinnerungen wurde ich wieder unruhig, denn genau, wie ich es zuvor geahnt hatte, war ich bisher kein bisschen hypnotisiert. Ich war in keinerlei Trancezustand und erst recht nicht unter Kontrolle von Dr. Griffith. Ich war nur erschöpft und langweilte mich. Da saß ich mit geschlossenen Augen auf der reichlich harten Couch und konnte durch das Fenster rechts von mir den Verkehrslärm hören. Meine im Schoß fest gefalteten Hände begannen ein wenig zu schmerzen und von der harten Couch tat mir der Hintern weh, doch ich bewegte weder die Finger noch den Po, auch nicht die Lider, die sich vom langen Sitzen mit geschlossenen Augen verklebt anfühlten.

»Gut, und nun möchte ich, dass Sie sich vorstellen, wie es war, bevor Sie geboren wurden. Stellen Sie sich vor, dass Sie Ihre Eltern fragen, was sie von Ihnen als Sohn erwarten, wie Sie sein sollen.«

Gegen meinen Willen lächelte ich ein wenig. Dr. Griffith wäre nicht gerade geeignet, um ein Polizeiverhör zu führen, dachte ich. Es war viel zu leicht, ihre nächste Frage zu erraten, und entsprechend konnte sich jeder darauf vorbereiten. Trotzdem erzählte ich ihr, was meine Eltern vermutlich von mir gewollt hatten, bevor ich Dr. Griffith' nächste Frage beantwortete, nämlich, was ich denn umgekehrt von meinen Eltern erwartet und mir gewünscht hatte. Das waren allerdings keine Erinnerungen, sondern lediglich Gedanken und Ansichten.

»Jetzt stellen Sie sich vor, wie Ihre Eltern verblassen«, fuhr Dr. Griffith fort. »Sie sind wieder bei Ihrem höheren Selbst, das einen weißen Lichtkreis um Sie herum gebildet hat; dieser wird Sie vor allem beschützen, was Sie sehen oder erleben.«

Ich verstand noch immer nicht, was ich ihrer Meinung nach so Furcht Einflößendes würde sehen können, doch nickte ich langsam und folgte ihrer Aufforderung.

»Nun stellen Sie sich vor, dass Ihr höheres Selbst Sie zu einem Ballon führt, einem großen Heißluftballon. Es fordert Sie auf, in den Ballon zu steigen, und gemeinsam kehren Sie zu Ihren allerersten Erinnerungen zurück, zu der Zeit, als Sie zum ersten Mal hier auf der Erde waren. Also, steigen Sie ein und fliegen Sie hoch in den Himmel hinauf. Sie sehen sich selbst höher und höher hinaufschweben. Im Ballon ist es warm und gemütlich und Sie fühlen sich geborgen. Können Sie die Farbe des Ballons erkennen?«

Auf den Innenseiten meiner Augenlider konnte ich einen runden, purpurroten Klecks sehen, der vermutlich von dem Licht herrührte, das durchs Fenster rechts von mir hereindrang. »Ja, er ist purpurrot«, antwortete ich.

»Purpurrot ist die Farbe der Könige«, sagte Dr. Griffith mit ihrer melodischen Stimme. »Nun sinken Sie herab, herab auf die Erde. Erzählen Sie mir, was Sie sehen.«

Ich sah überhaupt nichts. Der purpurrote Klecks war immer noch da, aber ansonsten sah ich wirklich absolut nichts. »Ich kann überhaupt nichts sehen.«

»Können Sie Lichter unter sich sehen?«

Tatsächlich war da etwas, das wie Lichter am unteren Rand meiner Augenlider aussah, doch ich wusste, dass das nur ein Lichtreflex des Fliesenbodens war. Aber ich wollte ja mitarbeiten. »Ja, ich kann da unten Lichter sehen.«

»Würden Sie gerne dort unten landen?«

»Äh, klar.«

»Also gut, dann sinken Sie langsam herab. Sie sehen, wie Sie allmählich an Höhe verlieren.«

Ich versuchte es, doch ich sah außer dem purpurroten Klecks und den Lichtern am unteren Rand meiner Augenlider einfach nichts. Interessanterweise sahen die Lichter nun nicht mehr so sehr wie ein Schimmer vom Fußboden aus, vielmehr wie kleine Punkte, aber ich hielt sie immer noch für einen Widerschein. »Es passiert nichts.«

»Aber Sie würden gern runter, oder?«

»Klar.«

»Gut, dann müssen Sie jetzt nach oben greifen. Über Ihnen befindet sich eine Steuerung. Greifen Sie danach und ziehen Sie daran, dann wird der Ballon landen.«

Ich versuchte mir vorzustellen, wie ich das tat, doch alles, was ich sah, waren derselbe purpurrote Klecks und die Lichter darunter. »Es passiert nichts«, wiederholte ich, mehr denn je davon überzeugt, dass sich hinter Rückführungen unter Hypnose nur labile Menschen verbargen, die ihren Therapeuten gefallen wollten, indem sie ihnen bestätigten, alles zu sehen, was sie sehen sollten. Ich war mir sicher, dass Dr. Griffith noch nicht allzu viele so ehrliche Menschen wie ich untergekommen waren, und vermutete, dass sie in diesem Moment wohl am liebsten den Arm ausgestreckt und mir eine heruntergehauen hätte. Doch ihrer Stimme konnte ich anmerken, dass ich sie offenbar nicht aus der Fassung brachte.

»Stellen Sie sich vor, wie Ihr höheres Selbst Ihnen hilft, den Ballon herunterzubringen.«

Wir machten dieselbe Übung noch mindestens ein Dutzend Mal auf unterschiedliche Art und Weise, doch für mich änderte sich immer noch nichts.

»Gut«, entschied Dr. Griffith schließlich ohne jede Spur von Gereiztheit in ihrer immer noch sanften, melodischen Stimme. »Ihr höheres Selbst teilt Ihnen mit, dass dies nicht der Ort ist, an dem Sie anhalten möchten. Es wird Sie woandershin bringen, an einen warmen, sonnigen Ort. Sehen Sie nun, wie Ihr höheres Selbst die Steuerung des Ballons übernimmt, und los geht's. Ihr höheres Selbst lenkt den Ballon und bringt Sie zu einem Ort, an dem Sie anhalten möchten. Auf geht's.«

Nach einer kurzen Pause fuhr Dr. Griffith fort. »Ihr höheres Selbst sagt: ›Schau, dort ist ein Berg. Ein sehr hoher Berg. Dort möchte ich gerne hin. Lass uns mal dort hinüberfliegen. Dort können wir uns ausruhen.‹ Stellen Sie sich jetzt vor, wie Sie zu diesem Berg gelangen. Können Sie ihn sehen?«

Mittlerweile saß ich mindestens eine halbe Stunde unbeweglich auf dieser Couch. Der Hintern tat mir weh, mein Rücken begann zu schmerzen, meine immer noch fest verschränkten Finger waren inzwischen taub und meine Augenlider fühlten sich so verklebt an, dass ich sie bestimmt nicht mehr heben konnte. Vor lauter Unbequemlichkeit musste mein Körper meinem Geist wohl gesagt haben, er sei es leid, dass nichts passiere, denn plötzlich wurde meine Fantasie aktiv. Ohne es auch nur zu versuchen, sah ich vor meinem inneren Auge das verschwommene Bild eines mächtigen Berges.

»Ja ... ich ... ich kann ihn sehen«, sagte ich, auch wenn ich wusste, dass alles nur meine Fantasie war.

»Nun lässt Ihr höheres Selbst langsam die Luft aus dem Ballon und nähert sich dem Gipfel des Berges. Sie sinken langsam mit ihm, weil Sie wissen, dass dies ein sicherer Ort ist. Langsam sinken Sie, bis Sie ganz sanft landen. Oben auf dem Berg steht ein kleines Häuschen. Stellen Sie sich das Häuschen bildlich vor und schildern Sie, was Sie sehen.«

Mein Geist und mein Körper waren vermutlich nicht nur müde, sondern völlig erschöpft, denn auf einmal konnte ich unscharf eine Blockhütte erkennen, mit waagerechten statt senkrechten Holzbalken, und auf dem Dach der Hütte sah ich so etwas wie Blumen wachsen. Ich beschrieb alles, so gut ich konnte. Trotzdem wusste ich immer noch, dass alles nur ein Tagtraum war, nur ein unscharfes Bild vor meinem geistigen Auge.

»Und wenn Sie in die Hütte hineingehen«, fuhr Dr. Griffith fort, »was sehen Sie dann?«

»Sie ist leer«, antwortete ich, denn im Geiste sah ich nichts als verschwommene, dunkle, leere Räume. »Es ist nur ein großes, leeres Gebäude.« Ich schätzte, dass ich deshalb nur leere Räume sah, weil dies ihr Tagtraum war, nicht meiner, und ich begann zu ahnen, dass diese Tagträume nach Vorgaben eines Therapeuten das waren, was die Leute für Erinnerungen an frühere Leben hielten. Vermutlich war eine Rückführung in ein früheres Leben wirklich nur das Fantasieprodukt, das sich ein erschöpfter Mensch zurechtbastelte, um dem Therapeuten zu gefallen.

»Jetzt wenden Sie sich Ihrem höheren Selbst zu. Es hat die Macht, dies in einen warmen, heiteren Ort zu verwandeln. Es kann alles auftauchen lassen, was Sie brauchen. Probieren Sie mal, sich vorzustellen, wie es einen reich gedeckten Tisch auftauchen lässt.«

Das gelang mir, wenn auch nur mit Mühe, und ich berichtete Dr. Griffith: »Es sieht aus wie ein Thanksgiving-Essen.«

»Lauter gute Sachen zu essen. Sie dürfen sich stärken. Essen und trinken Sie, so viel Sie mögen.«

Nach einer Pause von wohl etwa einer Minute fuhr sie fort. »Nachdem Sie sich nun gestärkt haben, sagt Ihr höheres Selbst: ›Lass uns mal hinunter ins Tal gehen.‹ Sie gehen aus der Hütte und sehen, dass Stufen in den Fels gehauen worden sind, zwölf Stufen, die hinunter ins Tal führen. Diese Stufen zähle ich jetzt, während wir langsam ins Tal hinuntergehen. Es sind nur zwölf und Ihr höheres Selbst ist bei Ihnen. Zwölf ... elf.«

Im Geiste sah ich das undeutliche Bild von Stufen und versuchte mir vorzustellen, sie hinabzusteigen.

»Zehn ... neun ... acht ... sieben ... sechs ...«, zählte Dr. Griffith. Mit jeder Zahl wurden ihre Stimme sanfter und die Wörter gedehnter. »Fü-ünf ... vi-ier ...« Sie hielt einen Augenblick inne. »Drei-i ... zwei-i ... eins. Gut, nun schauen Sie sich um und erzählen Sie mir, was Sie sehen.«

Nachdem sie zu Ende gezählt hatte, hörte ich ihre Worte kaum noch, denn es passierte etwas – etwas so Unglaubliches und Sagenhaftes, dass ich überrascht aufgeschrien hätte, wenn es mir nicht schon den Atem verschlagen hätte.

Kapitel 2

Ich stand in einem Tal. Ich meine nicht, dass ich mir bloß vorstellte oder tagträumte, in einem Tal zu stehen, oder dass ich nur im Geiste ein Tal sah. Ich war wirklich dort. Das war nichts, was ich mir nur für Dr. Griffith vorstellte. Ich war dort. Um mich herum konnte ich Bäume und dichtes Unterholz sehen, Vögel in den Zweigen zwitschern hören und einen leichten Wind im Gesicht spüren. Das alles fühlte sich ein bisschen – aber nur ein kleines bisschen – so an wie einer jener Wachträume, die ich ein paar Mal gehabt hatte. Solche Träume kamen, wenn ich nicht richtig eingeschlafen, aber auch nicht ganz wach war, wenn mein Bewusstsein gerade eben die Oberfläche meines Unterbewusstseins streifte und abwechselnd hinein- und wieder auftauchte.

Was geschah, verblüffte mich eher, statt mir Angst zu machen. Die Veränderung war so plötzlich erfolgt, als ob ich einfach durch eine Tür in eine andere Welt spaziert wäre. In einem Moment hatte ich noch auf der reichlich harten Couch im Halbdunkel einer Praxis gesessen und versucht, mir für Dr. Griffith eine Szene vorzustellen, und im nächsten Moment stand ich umgeben von hellem Sonnenschein in einem Tal.

Was ich erlebte, erinnerte zwar entfernt an einen Wachtraum, schien jedoch auch ganz anders, da es nicht so unwirklich war wie ein Traum. Die Umgebung, in der ich mich befand, war viel naturgetreuer und lebendiger, so sehr, dass ich mich seltsam unwohl fühlte. So etwas hatte ich noch nie erlebt und ich wusste nicht genau, was da passierte. Doch obwohl ich an jenem Tag scheinbar leibhaftig irgendwo in einem Tal stand, wusste ich, dass ich in Wirklichkeit immer noch auf der Couch in Dr. Griffith' Praxis saß. Immer noch spürte ich meine tauben Finger, meinen vom langen unbeweglichen Sitzen auf der reichlich harten Couch schmerzenden Hintern, auch die Geräusche von der Straße draußen konnte ich noch hören. Und doch stand ich gleichzeitig in einem dicht bewaldeten Tal.

Mir war klar, dass das Ganze nichts als ein Streich war, den die Hypnose meinem Verstand spielte, aber dennoch verspürte ich ein gewisses Unbehagen, da ich anders als in einem Traum oder einer Fantasie ein klares Bild ohne verschwommene Ränder vor mir sah. Alles um mich herum wirkte gestochen scharf und außerordentlich echt. Vor mir sah ich den Einschnitt des Tals und den dichten Wald, der auf beiden Seiten der steilen Hänge stand. Ich schaute mich um und konnte das Laub der Bäume im Wind sich bewegen sehen, und trotzdem hörte ich zugleich, wie sich Dr. Griffith auf ihrem Stuhl zurechtsetzte.

Das Ungewöhnlichste an diesem Erlebnis war allerdings, dass ich es beeinflussen konnte. Es war nicht wie in einem Traum, in dem die jeweiligen Ereignisse bestimmen, was ich sehe und worauf meine Aufmerksamkeit gelenkt wird. Hier hatte ich die Situation unter

Kontrolle und konnte selbst entscheiden, in welche Richtung ich schauen und was ich betrachten wollte. Während in den meisten Träumen irgendetwas passiert, das die Handlung vorantreibt, geschah in diesem Fall überhaupt nichts, außer dass ein leises Lüftchen wehte. Ich stand einfach allein in einem wunderschönen Tal. Mir kam der Gedanke, dass es wie bei einer Art virtuellem PC-Spiel war, nur dass die Landschaft nicht so zeichentrickartig wirkte, sondern völlig realistisch. Dann jedoch wurde mir klar, dass es ebenso wie in der virtuellen Realität nur so aussah, als wäre die Welt um mich herum echt, während ich genau wusste, dass das nicht stimmte. Ich hatte vielleicht gedacht, in einem Tal zu stehen und den Windhauch im Gesicht zu spüren, doch ich wusste ja, dass die Hypnose mir nur einen Streich spielte.

»Sie sind jetzt unten im Tal«, sagte Dr. Griffith. »Was sehen Sie dort?«

»Bäume«, gab ich zur Antwort, »jede Menge Bäume.« Plötzlich veränderte sich die Umgebung und als ich mich umdrehte und nach rechts schaute, sah ich mich am Ufer eines kleinen Baches entlanglaufen. Ich befand mich jetzt in einem anderen Teil des Tals. Nun dämmerte es mir, dass ich das Geschehen wohl doch nicht beeinflussen konnte, denn ich hatte nichts unternommen, um diesen Ortswechsel herbeizuführen, ja ihn nicht einmal gewollt. Er hatte einfach stattgefunden, wie ein Szenenwechsel in einem Film. »Rechts von mir fließt ein Bach durch das Tal«, erzählte ich Dr. Griffith und blickte mich staunend um. Immer noch konnte ich das Laub in dem leichten Wind sich bewegen sehen, seine Kühle im Gesicht spüren. »Und da sind eine Menge großer Bäume, das Tal ist auf beiden Seiten bis obenhin dicht bewaldet.«

»Schauen Sie jetzt an sich selbst hinunter. Was haben Sie an?«, fragte Dr. Griffith.

Als ich den Blick senkte, sah ich ein Paar schmutziger, knorriger Füße und zwei behaarte Beine. Darüber schien ich eine Art dunklen Pelz zu tragen, dreckig und verfilzt. »Ich trage eine Art Tierfell«, berichtete ich der Psychologin. Ich schaute noch einmal an mir hinunter und sah, dass ich etwas in der linken Hand trug, das wie ein Stück von einem Ast aussah und wie ein sehr spitzes »V« geformt war. Ich spürte, dass es ein schweres, massives Stück Holz war. »Und ich habe etwas in der Hand; es sieht aus wie ein Stück von einem Ast.«

»Sind Sie männlich oder weiblich?«

»Ein Mann«, erwiderte ich sofort, ohne sicher zu sein, woher ich das Wissen oder diese Antwort nahm. Doch irgendwie wusste ich, dass es so war.

»Nun sehen Sie, wie Sie sich umschauen, und versuchen Sie, einen Unterschlupf zu finden.«

Mit einem Mal wurde ich gewahr, ja erkannte ich wieder, wo ich mich befand; es fuhr mir regelrecht in den Kopf, wie ein Auto, das mit Vollgas durch die Scheibe eines Ausstellungsraumes kracht. Ich wusste genau, wo ich war! Dieses offensichtliche Wiedererkennen des Tals war ein kleiner Schock für mich, denn es fühlte sich an, als ob ich plötzlich gleichzeitig zwei verschiedene Teile meines Verstandes benutzte. Der mir vertraute Teil, der meine Gedanken hervorgebracht und gespeichert hatte, seit ich denken konnte, wusste, dass ich dieses Tal noch nie zuvor gesehen hatte, doch zugleich fühlte es sich an, als ob eine lange verschlossene Tür, die in den tiefsten Tiefen meines Verstandes verborgen lag, sich knarrend öffnete und kleine Gedanken und Erinnerungsfetzen herausließ. Aus dem, was durch diese Tür schlüpfte, lernte ich, dass ich dieses Tal als mein Zuhause wiedererkannte und dort lange Zeit gewohnt hatte.

»Oben auf dem Hügel rechts von mir liegt eine Höhle«, erzählte ich Dr. Griffith. Ich schaute den steilen Hang hinauf zu einer Felsnase. Der neu geöffnete Teil meines Verstandes sagte mir, dass dort mein Zuhause war. Was ich sah, als ich dort so stand und die eine Seite des Tals hinaufstarrte, kam mir bekannt vor, aber nur im Rahmen jenes zuvor unbenutzten Teils meines Verstandes, nicht in der Erinnerung von Bob Snow, der nun vor allem ein passiver Beobachter der Ereignisse zu sein schien.

»Sieht sie aus wie ein sicherer Ort?«

»Ich wohne dort«, erklärte ich ganz fassungslos, denn ich hatte nicht gewusst, dass ich das sagen würde. Es war, als ob ich auf einmal meine Stimme nicht mehr unter Kontrolle hätte, als ob meine Worte stattdessen von jenem neu geöffneten Teil meines Verstandes gesteuert würden, einem Teil, von dessen Existenz ich keine Ahnung gehabt hatte. Die Worte, die mir nun über die Lippen kamen, schienen an meinem Bewusstsein vorbeizugleiten. Trotz alledem konnte ich aber während der ganzen Zeit, in der ich durch das Tal ging, Verschiedenes darin wiedererkannte und schilderte, immer noch die Taubheit in meinen gefalteten Händen spüren und hören, wenn Dr. Griffith sich auf ihrem Stuhl bewegte.

»Gehen Sie jetzt in die Höhle hinein und erzählen Sie mir, was Sie dort sehen.«

Augenblicklich fand ich mich direkt am Höhleneingang wieder. Ich musste von dem Platz, an dem ich noch einen Moment zuvor gestanden hatte, nicht dorthin laufen, sondern wiederum war es wie der Szenenwechsel in einem Film – plötzlich stand ich einfach dort. Und obwohl ich wusste, dass das unmöglich war, meinte ich einen Moment lang doch, den muffigen Geruch jahrelanger unhygienischer Zustände wahrzunehmen. »Ich sehe Licht«, berichtete ich. »In der Decke der Höhle ist ein Loch. Und Wasser ist auch da, es fließt durch die Höhle.«

»Haben Sie eine Gefährtin?«

»Nein«, antwortete ich sofort, wobei ich mir dessen wiederum irgendwie bewusst war und zugleich freilich eine tiefe Traurigkeit darüber empfand.

»Haben Sie denn einen Namen?«

Diese Frage ergab für den Teil meines Verstandes, der für meine Erlebnisse zuständig war, keinen Sinn. »Nein. Ich bin einfach ich.«

»Schauen Sie nun nach draußen. Ist es Frühling oder Sommer?«

Diesmal fand kein abrupter Ortswechsel statt; ich drehte mich um und trat hinaus vor die Höhle. Sie befand sich hoch oben über dem Tal. Ein offener Platz mit felsigem Untergrund trennte sie von dem dichten Wald unten im Tal. Das Laub an den Bäumen wirkte üppig und dicht, das Unterholz darunter nahezu undurchdringlich. »Es ist Sommer. Alles ist grün.«

»Wissen Sie vielleicht, welches Datum gerade ist?«

Wieder eine Frage, die keinen Sinn ergab. »Nein.«

»Wissen Sie denn, wie alt Sie sind?«

»Ich glaube, ich bin noch nicht sehr alt.«

Dr. Griffith hielt einen Moment inne, während ich immer noch, ganz verblüfft von den Ereignissen und erstaunt über den Anblick, weiter ins Tal hinunterblickte. Woher kam diese Vision, fragte ich mich. Was war der Ursprung dieses Trugbildes, das mir vorgaukelte, ich stünde hoch über einer üppigen, schönen Landschaft, die ich wiederzuerkennen glaubte? Hatte ich dieses Tal vor langer Zeit einmal gesehen und es einfach vergessen? War dies schlicht eine lang verschüttete Erinnerung, die nun aus meinem Unterbewusstsein ausgegraben worden war?

Obwohl ich gerade zweifellos eine der einzigartigsten und merkwürdigsten Erfahrungen meines Lebens machte, verspürte ich keinerlei Angst, ja, ich stellte sogar fest, dass ich das Ganze zu genießen begann. Was ich erlebte, war keineswegs Furcht erregend, es brachte mich nicht einmal mehr aus der Ruhe, denn ich wusste ja, dass ich in Wirklichkeit nicht in einem Tal war, so real es auch erscheinen mochte, sondern dass ich in Dr. Griffith' Praxis saß. Und ich hatte ganz bestimmt nicht das Gefühl, das weiße Licht zu brauchen, von dem die Psychologin mir versichert hatte, es werde mich beschützen, wenn ich mich bedroht fühlen sollte. Schließlich wusste ich ja, dass mir alles, was ich sah und erlebte, nur durch die Hypnose vorgegaukelt wurde. Hatte ich zuvor allerdings noch meine Zweifel daran gehabt, dass so etwas möglich war, so wurde mir nun klar, dass ich mich in einem ziemlich tiefen Trancezustand befinden musste. Vermutlich sah ich einfach vergessene Erinnerungen, durch die Hypnose aus meinem Unterbewusstsein ausgegraben. Es war nicht wirklich, auch wenn ich zugeben musste, dass sich die Erinnerungen durch die Hypnose ziemlich lebensecht anfühlten.

Draußen vor dem Fenster hupte ein Auto, doch das schien ebenso weit weg wie der Schmerz in meinen Fingern und meinem Hintern. Ich stellte fest, total fasziniert in das Geschehen versunken zu sein, und beschloss, es einfach weiterströmen zu lassen, wo immer es auch hinwollte, und es zu genießen. Mit einem Anflug von schlechtem Gewissen dachte ich, dass es wie auf einem Drogentrip war, bloß ohne Drogen. Genau wegen solcher Erlebnisse nahmen Leute LSD, nur war das hier weder gefährlich noch illegal. Und ich war fest davon überzeugt, dass ich, falls ich mich plötzlich Furcht erregenden oder unerwünschten Erinnerungen gegenübersähe, jederzeit einfach die Augen öffnen und das Ganze beenden könnte. Egal, was die Hypnotiseure, die auf der Bühne eine Show abziehen, ihrem Publikum einreden, ich hatte hier jedenfalls alles unter Kontrolle, nicht Dr. Griffith. Auch wenn die Kontrolle von Teilen meines Gehirns ausgeübt wurde, von deren Existenz ich bisher keine Ahnung gehabt hatte, es war immer noch mein Gehirn. Dr. Griffith dirigierte mich lediglich, aber ich war verantwortlich für das Geschehen, ich konnte ganz nach Belieben mit der Vision fortfahren oder sie beenden. Da, wie gesagt, nichts Schlimmes passierte, entschloss ich mich, die Vision, am Eingang der Höhle zu stehen und in das üppige Grün unter mir zu schauen, einfach weiter auszukosten. Obwohl ich dabei keine Tiere sah, wusste ich irgendwie, dass es in dem Tal vor allen möglichen – auch gefährlichen – Tieren nur so wimmelte.

»Und nun gehen Sie bitte vor bis zu der Zeit unmittelbar vor Ihrem Tod«, sagte Dr. Griffith und räusperte sich. Wieder bewegte sie sich auf ihrem Stuhl.

Plötzlich verblasste das üppig grüne Tal unter mir und als meine Umgebung wieder scharfe Konturen annahm, stellte ich fest, dass ich nicht mehr in demselben Körper steckte wie zuvor, sondern etwa drei Meter über ihm schwebte. Unter mir sah ich einen dünnen, schmutzigen, kleinen Mann auf dem Boden der Höhle liegen. Obwohl er mit Tierfellen zugedeckt war, zitterte er und hustete. »Ich bin krank, ich muss sterben«, sagte ich, wiederum ohne zu wissen, woher diese Worte kamen. »Niemand ist bei mir. Ich bin ganz allein.«

»Was empfinden Sie?«

»Ich friere«, antwortete ich und fragte mich, warum ich das sagte oder woher ich es überhaupt wusste, da ich doch nicht mehr in dem Körper war, sondern darüber schwebte. Dort oben konnte ich nicht mehr, wie noch kurz zuvor, spüren, was der Mann da unten erlebte.

Wieder machte Dr. Griffith eine Pause, während ich zusah, wie der kleine Mann unter den Tierfellen die Arme um den Körper schlang, um sich zu wärmen. Er zitterte jedoch immer noch und hustete immer wieder so heftig, dass mir irgendwie klar war, dass es ihm enorme Schmerzen bereitete.

»Nun möchte ich, dass Sie aus diesem Leben scheiden. Erheben Sie sich aus ...«

»Ich bin ganz allein«, brach es so plötzlich aus mir heraus, dass ich selbst überrascht war, zumal ich keine Ahnung gehabt hatte, dass ich das sagen wollte. Es war, als ob mir ein feines Stimmchen durch die neu geöffnete Tür in meinem Kopf Worte zuflüsterte, die dann meine Lippen erreichten, bevor ich überhaupt darüber nachdenken konnte. Doch irgendwie war mir klar, dass ich da etwas ganz Wichtiges sagen wollte, einfach sprechen musste. »Niemand ist bei mir«, kam es über meine Lippen. »Ich bin ganz allein.« Ich hatte das starke, unbedingte Bedürfnis, dies zum Ausdruck zu bringen, doch dann schien ich plötzlich einen kurzen Blick hinter jene neu geöffnete Tür in meinem Kopf zu werfen. Der Sinn dieses Lebens war, die Erfahrung von Einsamkeit zu machen und die Bedeutung des völligen Alleinseins zu lernen. Ich hatte niemanden. Nur mich selbst. Ich war ganz allein.

»Ich möchte nun, dass Sie aus diesem Leben scheiden«, wiederholte Dr. Griffith. »Erheben Sie sich und suchen Sie das Licht.«

Plötzlich verließ mein Blick den Sterbenden und ich fand mich vor der Höhle wieder, allerdings immer noch etwa drei Meter über dem Boden schwebend. Unter mir konnte ich den Zugang zur Höhle erkennen, einen steilen, mit Felsbrocken übersäten Abhang, der in den dichten Wald unten im Tal hinabführte. Und dann flog ich auf einmal ohne Vorwarnung hoch über dem Tal dahin.

»Jetzt befinden Sie sich im Seelenzustand«, erklärte Dr. Griffith. »Sehen Sie ein Licht?«

»Ja.« Als ich aufblickte, sah ich ein gleißend helles Licht, das über dem Tal zu schweben schien.

»Begeben Sie sich zu dem Licht. Dort sind Sie in Sicherheit.«

»Das war ein schlechtes Leben«, hörte ich mich unerwartet sagen, während ich auf das Licht zuflog. »Wirklich ein schlechtes Leben.«

»Was haben Sie denn aus diesem Leben gelernt?«

Wie auf einer Sprungfeder schien die Antwort von meinem Kopf auf meine Zunge zu schießen: »Dass es nicht gut ist, allein zu sein. Dass man jemanden braucht.« Bei diesen Worten erfüllte mich eine seltsame Befriedigung, als ob ich damit alles erklärte, was ich gerade erlebt hatte.

Dr. Griffith hielt für eine Weile inne, als ob sie meine Worte sich setzen lassen wollte, und fuhr dann fort: »Gut, und nun möchte ich, dass Sie in der Zeit weiter vorangehen. So weit voran, bis Sie ein Leben finden, in dem Sie jemanden hatten, der Ihnen wichtig war.«

Mit einem Mal verblasste die Landschaft um mich herum, während ich mich dem hellen Licht näherte, allerdings nur für wenige Augenblicke.

Kapitel 3

Vor dem Fenster von Dr. Griffith' Praxis konnte ich ein Auto hören. Die soeben erlebten Szenen verschwammen zu einer Art grauem Nebel. Mein Hintern tat nicht mehr weh, er war jetzt vielmehr völlig taub und gefühllos. Stattdessen war der Schmerz hinauf ins Kreuz gewandert. Immer noch hielt ich die ebenfalls tauben Hände fest im Schoß verschränkt. Ich wusste, dass ich mich eigentlich hätte recken und strecken müssen, um die Durchblutung wieder anzuregen, doch ich wagte nicht, mich zu bewegen, weil ich fürchtete, dann keine Bilder mehr zu sehen. Warum, weiß ich nicht genau, doch ich war überzeugt davon, dass die Bilder bei jeder Bewegung meines Körpers unwiederbringlich verblassen würden wie ein Traum, den man gegen Morgen hat.

Immer noch glaubte ich felsenfest, dass alle bisherigen Bilder lediglich Erinnerungen an Erlebnisse waren, vielleicht auch an Ausschnitte aus Büchern oder Filmen, die aus meinem Unterbewusstsein hochgekommen waren und die ich im Kopf zu einer zusammenhängenden Handlung zusammengebastelt hatte, bis sie zu den Fragen der Psychologin passten. Dennoch war das, was da mit mir geschah, faszinierend – und alles wirkte so anschaulich und echt. Ich schien in meinen Visionen sogar riechen, hören und fühlen zu können, obwohl ich wusste, dass das unmöglich war. Es war unglaublich. Wie wenn man in einem Freizeitpark die aufregendste Fahrt mit einer Achterbahn oder Ähnlichem entdeckt hat, die man sich nur vorstellen kann, und nun mehr davon will.

Nur in einem tiefen hypnotischen Trancezustand konnte es möglich sein, dass mein Unterbewusstsein jene verschütteten Erinnerungen – oder was immer es war – ausgrub und so anschaulich in einem logischen Zusammenhang darstellte, dass sie wie wirkliche Erinnerungen aus einem früheren Leben wirkten. Trotzdem fühlte ich mich gar nicht so, wie ich es mir vorher vorgestellt hatte. Ich hatte gedacht, unter Hypnose fühle man sich völlig erschöpft oder wie ein Zombie, stattdessen jedoch hatte ich einen ganz klaren Kopf und alles unter Kontrolle. Ich wusste, dass ich weiterhin all meine Handlungen steuern und tun oder lassen konnte, wozu Dr. Griffith mich aufforderte. Ein paar Mal gab sie etwas vor, wofür in der Geschichte, die mein Unterbewusstsein anscheinend erfand, noch kein Platz war, also ignorierte es dies einfach und spann seine Handlung selbst weiter. Außerdem wusste ich ja auch, dass ich jederzeit aufhören konnte, indem ich die Augen öffnete, doch ich wollte gar nicht, dass dieses zweifellos faszinierendste Erlebnis, das ich jemals hatte, zu Ende ging. Ich konnte es kaum erwarten zu sehen, was mein Unterbewusstsein als Nächstes präsentieren würde. Zwar würde ich wohl nie erfahren, ob das nun tatsächlich irgendwo ausgegrabene, neu geordnete Erinnerungen waren oder schlicht meine blühende Fantasie, aber das war mir auch egal. Ich wollte mehr sehen. Vorerst umgab mich jedoch weiterhin der dichte Nebel, sodass ich mich fragte, ob mein Unterbewusstsein keine Erinnerungen mehr fand, die es hervorholen konnte und die in Dr. Griffith' Geschichte passten.

Doch nachdem ich noch ein Weilchen reglos auf der Couch gesessen hatte, tauchte allmählich wieder ein Bild auf, zuerst verschwommen, dann jedoch ebenso deutlich wie die Szene in dem Tal. Nun fand ich mich auf der Straße in einer Stadt wieder, allerdings nicht in der heutigen Zeit oder in der jüngsten Vergangenheit. Es sah eher aus wie gegen Ende des neunzehnten Jahrhunderts, denn entlang der Bürgersteige erblickte ich Gaslaternen, und Pferdekutschen waren unterwegs.

»Ich sehe eine Straße«, sagte ich und mir wurde klar, dass ich mich wiederum in einem menschlichen Körper befand.

»Beschreiben Sie sie mir.«

»Sie ist in einer Stadt.«

»Können Sie mir sagen, in welchem Jahr oder in welchem Jahrhundert Sie sich befinden?«, fragte Dr. Griffith.

»Spätes neunzehntes Jahrhundert. Ich sehe Gaslaternen und viele Pferde.«

»Was haben Sie an?«

Ich schaute an mir herunter. »Ein feines Hemd und ein Jackett.«

»Und was für Schuhe tragen Sie?«

»Glänzende. Und ich habe einen Stock. Aber ich bin kein alter Mann. Es ist eher ein modischer Stock, mehr ein Statussymbol als ein Gehstock. Ich gehe die Straße hinunter.«

»Wohin gehen Sie denn?«

Wieder flogen mir Informationen aus dem Unterbewusstsein zu und ich berichtete, ohne vorher nachzudenken. »Ich will mich mit jemandem treffen. Mit einer Frau.«

»Beschreiben Sie die Frau.«

»Sie wartet an der Ecke auf mich. Sie ist sehr hübsch.«

»Wie heißt sie?«

Aus irgendeinem Grunde war es schwierig, auf den Namen zu kommen. Es schien ein Name zu sein, den ich eigentlich leicht hätte wissen müssen, doch mein Unterbewusstsein wollte ihn nicht herausrücken. Ich spürte, dass der Name so ähnlich klang wie »Amanda«, wusste aber zugleich, dass er das nicht war. Da ich aber das Gefühl hatte, einen Namen nennen zu müssen, sagte ich schließlich, sie heiße Amanda, auch wenn mir sofort auf unangenehme Weise bewusst war, dass das nicht stimmte. Dennoch war es leichter, mit einem unrichtigen Namen weiterzumachen, als überhaupt keinen Namen für die Frau zu haben, die mir so vertraut zu sein schien.

»Nun sind Sie an Ihrem Ziel angekommen«, sagte Dr. Griffith. »Wohin sind Sie gegangen?«

»Amanda hat meinen Arm genommen und wir sind zusammen die Straße hinuntergegangen.«

»Und wohin?«

»Wir sind einfach den Bürgersteig entlangspaziert.« Als ich mich umschaute, sah ich, dass auf der belebten Straße viele Menschen und Kutschen unterwegs waren. Der Hitze nach zu urteilen, war Sommer.

»Was sehen oder tun Sie, während Sie zusammen den Bürgersteig entlanggehen?«

»Auf der Straße ist ziemlich viel los, aber das scheinen wir gar nicht zu merken. Amanda wirkt richtig glücklich, genau wie ich.«

»Was hat Amanda denn an?«, erkundigte sich Dr. Griffith.

»Etwas Rotes. Hinten hat es so eine üppige Turnüre. Aber wir spazieren doch nicht einfach so herum, wir wollen irgendwohin.«

»Sie sind mittlerweile am Ziel angekommen«, wies mich die Psychologin an. »Wo genau sind Sie?«

»Wir haben uns in irgendein Lokal gesetzt, um etwas zu essen. Draußen. Irgendwo auf dem Bürgersteig.« Ich schaute mich um und sah ein paar Dutzend andere Gäste an den schwarzen Metalltischen um uns herum sitzen, doch niemand schien uns zu beachten.

»Sie sitzen jetzt am Tisch. Was haben Sie bestellt?«

»Amanda möchte ein ganz bestimmtes Wasser trinken und ich bestelle mir ein Glas Wein.«

»Nun gehen Sie ein Stück vor; schauen Sie, ob Sie die junge Frau geheiratet haben. Ist sie Ihre Frau geworden?«

Graue Wolken schoben sich heran und verhüllten das Bild. »Nein, ich glaube nicht. Ich kann sie nicht mehr sehen.« Plötzlich brach wieder ein Satz aus mir heraus, ohne dass ich wusste woher. »Ich heiße Jack.«

»Gut, Sie heißen Jack. Gehen Sie nun weiter vor, bis Sie Amanda erneut sehen.«

Diesmal schien es schwieriger, mich im Geiste ganz langsam von den grauen Wolken in den Flur einer Wohnung zu begeben, die offenbar in einem Mietshaus lag. »Ich erblicke ein altes Gebäude. Dort bin ich zusammen mit Amanda. Aus irgendeinem Grunde ist sie verärgert.«

»Weshalb denn?«

»Ich glaube, es geht um Geld. Wir sind nun doch verheiratet. Sie ist verärgert, weil ich kein Geld habe. Wir streiten uns und dann gehe ich einfach fort.«

»Und wohin gehen Sie?«

Wieder verschob sich das Bild und diesmal dauerte es noch länger, bis die neue Szene klar zu erkennen war. Dann sah ich mich in einem hellen, aber verschwommenen Zimmer, das Licht schien von allen Seiten zu kommen, die Luft im Raum war jedoch drückend heiß. Ich konnte die Gegenstände erkennen, doch sah alles ein wenig unscharf aus. »Ich bin in einem Zimmer. Es scheint rundherum Fenster und Oberlichter zu haben, es ist ganz hell. Ich glaube, ich bin ein Künstler. Ich sehe Gemälde, der ganze Raum ist voll davon.«

»Können Sie erkennen, was das für Gemälde sind?«

»Abstrakte, glaube ich, aber ich kann sie nicht deutlich erkennen.« Endlich wurde das Bild klar, wie wenn auf einer Kinoleinwand ein verschwommenes Bild scharf gestellt wird. »Nein, sie sind doch nicht abstrakt.« Ich erkannte, dass es Landschaftsgemälde und zahlreiche Porträts waren. »Es sind Bilder von Landschaften und Menschen.«

»Sind von den Gemälden welche verkauft worden?«

»Ich glaube nicht. Es stehen wirklich so viele davon hier herum.« Plötzlich sprudelten weitere Informationen aus der verborgenen Quelle. »Ich glaube, das ist mein Arbeitsplatz.«

»Sie glauben also, dass Sie Künstler sind?«, fragte Dr. Griffith.

Selbstporträt von Carroll Beckwith aus dem Jahre 1898. Detroit Institute of Arts

Ich wusste zwar nicht warum, doch ich war mir sicher, ein Künstler zu sein. »Ja. Und das hier ist mein Arbeitsplatz.«

»Sind Sie glücklich?«

»Ja, ich bin glücklich, wenn ich male, aber ich glaube nicht, dass ich besonders erfolgreich bin. Ich habe kein Geld. Dabei bin ich ein guter Maler, ein richtig guter Maler. Wirklich. Es gelingt mir aber einfach nicht, damit Geld zu verdienen.«

»Gehen Sie jetzt fünf Jahre weiter vor«, forderte Dr. Griffith mich auf, »und erzählen Sie mir, was Sie sehen.«

Wie bei der Szene im Künstleratelier dauerte es auch diesmal eine Weile, bis das neue Bild scharf wurde. »Ich bin auf einer Party«, berichtete ich und schaute mir die vielen Leute an, die um mich herumstanden. Alle schienen froh und ausgelassen. »Wir feiern etwas. Amanda ist auch bei mir.« Ich spürte, dass der Künstler sehr stolz war und es – aus welchem Grunde auch immer – genoss, mit Ehren überhäuft zu werden. »Ich bin der Ehrengast auf einer Art Party. Alle gratulieren mir zu irgendetwas. Ich weiß nicht, warum, aber alle gratulieren mir.«

»Erkennen die anderen Sie als Künstler an?«

»Ich weiß es nicht, aber jedenfalls sind alle froh. Und Amanda ist glücklich.«

»Also sind Sie nun erfolgreich?«

»Weiß ich nicht, aber wir sind alle sehr gepflegt angezogen.«

»Gehen Sie nun weitere zehn Jahre vor«, wies Dr. Griffith mich an.

Doch das tat ich nicht. Stattdessen schaute ich mich zögernd weiter in dem Raum um und sah, wie alle Leute mir zulächelten. Ich wollte nicht fortgehen, spürte ich doch, dass dies einer der glücklichsten und wichtigsten Momente im Leben jenes Mannes war, dessen Körper ich gerade bewohnte. Ich wollte einfach noch verweilen und mehr von diesem Gefühl spüren, darin baden. Derart intensive Glücksgefühle verspürt man nicht oft und ich genoss es sehr.

»Gehen Sie nun weitere zehn Jahre vor«, wiederholte Dr. Griffith.

Zwar wusste ich, dass es idiotisch von mir war und es sich hier nur um alte, neu angeordnete Erinnerungen oder gar um meine Fantasie handelte – aber ich wollte noch immer nicht gehen. Der Mann, in dessen Körper ich geschlüpft war, und alle um mich herum schienen so glücklich. Ein intensives Gefühl, das aus dem verborgenen Speicher in mir aufstieg, sagte mir, dass dieser Augenblick ein Höhepunkt dieses Lebens war, und ich wollte ihn einfach noch ein bisschen genießen. Dennoch brach ich schließlich auf, denn ich wollte noch mehr sehen. Die Szene verblasste und als sich die grauen Wolken um mich herum endlich wieder verzogen, stellte ich fest, dass ich jetzt draußen stand.

»Wo sind Sie jetzt?«, fragte Dr. Griffith.

»Auf einem großen Anwesen, einem riesengroßen Anwesen. Ich spaziere durch einen Garten.« Ich konnte unzählige Reihen sauber gestutzter Hecken und jede Menge Blumen sehen, überall Blumen.

»Ist jemand bei Ihnen?«

»Nein, ich bin allein. Ich spaziere allein dort herum und ich bin traurig. Ich schaue mir die Blumen und die anderen Pflanzen an, ohne sie wirklich zu sehen, weil ich über etwas nachdenke.« Eine tiefe Niedergeschlagenheit schien ganz von mir Besitz zu ergreifen.

»Gut, gehen Sie jetzt noch weiter vor«, fuhr Dr. Griffith fort. »Sie sind gestorben und sehen, wie Ihre Seele Ihren Körper verlässt. Und nun schauen Sie herunter und sagen Sie mir, welche Lektionen Sie in diesem Leben gelernt haben.«

»Wir hätten Kinder haben sollen«, antwortete ich prompt. »Wir waren glücklich, aber wir hatten keine Kinder. Ich glaube, Amanda konnte keine Kinder bekommen.«

»Und was haben Sie noch gelernt?«

»Dass man Erfolg haben kann, wenn man hart genug arbeitet. Ich habe nicht aufgegeben. Ich wusste, dass ich malen konnte, gut malen konnte. Aber es hat so lange gedauert.«

»Gut. Gehen Sie nun hinauf zum Licht, fliegen Sie zu ihm empor.«

Auf einmal fühlte ich mich selbst durch das Dach eines Gebäudes und dann hoch in den Himmel über einer riesigen Stadt hinaufsteigen. Es war Nacht und die Stadt schien das Umland meilenweit zu erleuchten. Entgegen den Anweisungen von Dr. Griffith flog ich jedoch nicht zu dem hellen Licht über mir empor, sondern verließ die Stadt und flog durch einen Wald. In diesem körperlosen Zustand hatte ich kein Temperaturempfinden, doch ich konnte sehen, dass es wohl ein kalter, stürmischer Abend war. Es schien jedoch nicht Winter zu sein, denn das Laub hing noch an den Bäumen, und ich sah weder Schnee noch Eis. Es war wohl eher ein kalter Herbstabend. Im nächsten Moment hatte ich den Wald verlassen und schaute im ersten oder zweiten Stock durch die Fenster einer Villa, vor denen ich zu schweben schien.

»Ich kann eines meiner Gemälde sehen. Es hängt über einem Kamin.« Ich starrte das Bild an, unter dem ein mächtiges Feuer im Kamin prasselte. »Auf dem Bild ist ein großer gelber Kreis zu sehen, wie die Sonne oder so etwas.« Trotz des Kaminfeuers konnte ich in dem Raum niemand sehen. »Es muss den Leuten gefallen haben. Sie haben es über den Kamin in einem großen Haus gehängt, einem richtig großen Haus. Ich glaube nicht, dass sie mich mochten, aber sie mochten mein Gemälde.« Ich betrachtete das bunte Bild noch genauer. »Es zeigt eine Flasche, um die herum Obst liegt, und dahinter sieht man eine große Sonne.«

»Lassen Sie uns nun weitergehen«, forderte Dr. Griffith auf. »Steigen Sie zum Licht empor. Erholen Sie sich.« Doch statt mich zu dem hellen Licht am Himmel hinaufzuschwingen, starrte ich weiter durchs Fenster auf das Bild. Schließlich sagte Dr. Griffith: »Also gut, gehen Sie nun wieder ein Stück zurück. Suchen Sie sich ein anderes Leben aus. Gehen Sie zurück, bis Sie ein Leben finden, in dem Sie eine Frau waren.«

Kapitel 4

Wenige Augenblicke später fand ich mich auf einer kleinen Waldlichtung wieder. Mir war sofort klar, dass dies nicht der Wald aus dem Tal war, in dem ich mich als prähistorischer Mensch befunden hatte. So weit ich sehen konnte, war das Gelände hier ganz flach, es wuchsen andere Baumarten, und die Baumstämme waren längst nicht so dick. Außerdem sah ich keinerlei Unterholz. Doch genau wie in dem vorherigen Tal konnte ich alles klar und deutlich sehen. Unmittelbar vor mir stand ein rundes Gebilde aus weißem Stein, um dessen äußeren Rand Säulen errichtet waren. Es sah jedoch nicht wie ein Gebäude aus, sondern eher wie eine Art Denkmal. In der Mitte war es offen und im Inneren stand etwas, das wie ein Altar aussah.

»Ich bin in einem Wald«, sagte ich, »und ich sehe ... Es sieht aus wie ein Altar, er steht ganz allein da.«

»Können Sie fühlen, was Sie anhaben?« Dr. Griffith' Stimme schien eher aus der Waldluft zu kommen als von dem Stuhl neben mir, so echt und nah wirkte meine Umgebung.

Als ich an mir hinunterschaute, sah ich, dass ich im Körper einer Frau steckte, und aus der Wölbung der

Brüste schloss ich, dass ich eine junge Frau war, wahrscheinlich noch ein Teenager. Ich untersuchte meine Kleidung. »Etwas Weißes«, sagte ich. »Ein Kleid mit Haken an der Seite. Es umschließt mich nicht ganz, es sind eher zwei Bahnen Stoff mit Haken an beiden Seiten.«

»Spüren Sie, in welchem Land Sie sind?«

»Es fühlt sich an wie Griechenland«, antwortete ich, wiederum ohne zu wissen, woher ich die Gewissheit nahm. Allmählich gewöhnte ich mich daran, dass Informationen an meinem klaren Verstand vorbei auf die Lippen traten. Ich ließ sie einfach heraus und war nicht mehr überrascht, wenn ich wieder einen Satz von mir gab, von dem ich vorher nichts ahnte. »Die Architektur wirkt wie ein griechischer Säulenkreis.«

Dr. Griffith ließ eine Pause eintreten, während derer ich das runde Denkmal in seiner Schönheit ehrfurchtsvoll betrachtete. Das Bauwerk war gewiss kein Parthenon, doch strahlte seine Schlichtheit Kraft und Eleganz aus.

Kurz darauf fuhr die Psychologin fort. »Wozu dient dieser Ort?«

»Es sieht aus wie ein Altar mitten im Wald; rundherum ist Wald.« Am Laub konnte ich erkennen, dass Hochsommer war.

»Und was tun Sie dort?«

»Ich stehe einfach nur da. Ich stehe da und schaue es mir an.«

»Wie alt sind Sie?«

»Ich bin ein Teenager.«

Plötzlich kehrten die Kraft und das Wissen aus meinem Inneren zurück, die schon in dem Tal und später in dem Künstleratelier über mich gekommen waren, und die Worte strömten aus meinem Mund: »Ich arbeite hier. Ich bringe Dinge zu dem Altar.«

»Haben Sie ein Zuhause?«, wollte Dr. Griffith wissen, »einen Ort, an dem Sie wohnen?«

Auf einmal konnte ich ein Gebäude aus Stein und etwa ein Dutzend junger Mädchen sehen, doch nicht so deutlich wie zuvor den Wald und das runde Bauwerk. Es war, als ob ich in dem Wald stünde und mir noch einen anderen Ort vorstellte. Ich konnte ein paar Mädchen erkennen, die auf Matten auf dem kalten Boden schliefen. »Ja, oben auf einem Hügel«, antwortete ich. »Ich lebe mit vielen anderen Mädchen zusammen. Jeden Tag bringen wir Dinge zu dem Altar hinunter. Dort, wo wir wohnen, ist es kalt.« Ich konnte die Kälte der Steine von Wänden und Fußboden spüren. Ein Schauder überlief mich, ich begann zu zittern, obwohl doch in Dr. Griffith' Praxis eine angenehme Temperatur herrschte.

»Jetzt ist es dort warm«, sagte Dr. Griffith. »Warm und gemütlich.«

Dieser Satz schien für den Teil meines Gehirns, der meine Wahrnehmungen steuerte, keinen Sinn zu ergeben, denn dieser Teil schien zu wissen, dass es dort, wo wir lebten, oft kalt war. »Nein, es ist kalt«, beharrte ich immer noch zitternd.

»Welchem Zweck dient der Ort, an dem Sie arbeiten?«, wollte sie wissen. »Kommen Leute her, um Gottesdienste zu feiern?«

»Ich weiß nicht. Wir bringen Dinge zum Altar hinunter und lassen sie dort. Er steht mitten im Wald. Ich sehe jede Menge Weinreben und Bäume.«

»Wissen Sie, in welchem Jahrhundert Sie sind?«

»Das alles ist schon lange her.« Plötzlich zuckten mir weitere Informationen durch den Kopf und kamen mir auf die Lippen. Die genaue Jahreszahl oder Epoche waren mir nicht bekannt, doch über mich selbst wusste ich auf einmal mehr. »Wir alle sind sehr hübsch«, sagte ich, »darum wurden wir auch ausgewählt. Und wir sind Jungfrauen. Wir dürfen keine Männer sehen und müssen rein bleiben.«

»Und wer kümmert sich um euch?«

Das Gesicht einer älteren Frau tauchte vor mir auf. »Sie ist alt und hat sehr langes braunes Haar. Dunkelbraun. Sie ist schrecklich. Und sehr streng.«

»Gut«, bemerkte Dr. Griffith. »Schreiten Sie in Ihrem Leben fünf Jahre voran. Wie ist es nun?«

Der Wald um mich herum verblasste und kurz darauf erschien ein verschwommenes Bild, das bald schärfer wurde. »Ich bin woanders«, stellte ich mit ebensolchem Erstaunen fest wie bei jeder der vorhergehenden Szenen. »Vor mir sieht etwas aus wie zwei Ochsen, die in eine Art Joch gespannt sind. Wir sitzen in einem Wagen und sind unterwegs.«

»Mit wem sind Sie denn unterwegs?«

Ich schaute nach links, um zu sehen, wer den Wagen lenkte. »Mit einem älteren Mann.«

»Sind Sie mit ihm verheiratet?«

Wieder durchströmte mich verborgene Gewissheit und ich sprach, ohne zu überlegen. »Nein, wir sind nicht verheiratet, aber er ist nett. Er ist schon alt, ziemlich alt, und er ist nett.«

»Haben Sie Kinder?«

Ich schaute mich erneut im Wagen um und der Anblick verschlug mir die Sprache. Da ich die Frage nicht beantwortete, stellte Dr. Griffith sie noch einmal; es sollte eine Weile dauern, bis ich etwas sagen konnte. Zu meiner Rechten sah ich ein kleines Mädchen auf dem Wagen sitzen und mit den pummeligen Beinchen baumeln. Irgendwie wusste ich, dass es meine Tochter war, und ich spürte, dass ich sie lieb hatte. Doch nicht das hatte mich so aus der Fassung gebracht, sondern die Tatsache, dass ich sie als jemanden wiedererkannte, den ich aus meinem gegenwärtigen Leben als Bob Snow kannte. Sie war meine Stieftochter, aber nicht der Teenager, von dem ich mich am selben Morgen, bevor sie zur Highschool ging, verabschiedet hatte, sondern das kleine Mädchen, das sie gewesen war, als ich ihre Mutter heiratete.

»Da ist ein kleines Mädchen«, brachte ich schließlich hervor. »Sie sieht aus wie ich und sitzt neben mir. Sie ist sehr hübsch.«

»Ist sie glücklich?«

»Ja, wir beide sind glücklich.« Die Gedanken wirbelten mir nur so durch den Kopf. »Wir fahren irgendwohin. Wir sitzen auf einem großen Wagen und fahren irgendwohin.«

»Schön, jetzt sind Sie am Ziel«, sagte Dr. Griffith mit Bestimmtheit. »Wo haben Sie angehalten?«

»Auf einer Farm. Sie gehört dem Mann.«

»Ist das Ihr Zuhause?«

»Er hat mich gekauft. Ich glaube, er hat mich gekauft, oder man hat mich ihm gegeben. Ich gehöre ihm. Aber er ist wirklich ein netter Mann. Er ist schon sehr alt und er ist gut zu uns beiden.«

Auch wenn ich es Dr. Griffith nicht sagte, »erinnerte« ich mich vage daran, eines der wichtigsten Gebote, die an dem Ort galten, an dem ich gelebt und gearbeitet hatte, gebrochen zu haben: das Gebot der Jungfräulichkeit. Infolgedessen hatte die Frau, die sich um die Mädchen kümmerte, welche den Altar pflegten, mich dem alten Mann gegeben oder an ihn verkauft.

»Gehen Sie vor bis zum Tod des Mannes. Was geschieht nun mit Ihnen?«

»Ich gehe zurück. Zurück zu dem Ort mit dem Altar. Ich bringe meine Tochter dorthin. Der alte Mann ist ganz plötzlich gestorben. Er hat nicht mehr lang gelebt. Darum bringe ich meine Tochter zurück. Sie soll ein Teil von dem Ganzen werden und am Altar arbeiten, genau wie ich damals.«

»Sind Sie froh darüber?«

Wieder erhaschte ich einen kurzen Blick auf das Wissen hinter der gerade geöffneten Tür in meinem Kopf und sah, dass ich überhaupt nicht froh war, sondern vielmehr sehr traurig. Ich wusste auch, dass ich mich für meine Taten schämte. Im Grunde ließ ich meine Tochter im Stich, doch ich hatte das Gefühl, das Dr. Griffith nicht sagen zu können. Ich konnte nicht zugeben, dass ich meine Tochter im Stich ließ, weil es für mich ohne sie leichter sein würde. »Es ist schön für sie«, sagte ich nur.

»Werden Sie dort gut versorgt?«

»Ich nicht. Meine Tochter schon. Ich werde sie dort lassen müssen. Ich kann nicht bei ihr bleiben.«

»Was empfinden Sie dabei?«

Ich war traurig und schämte mich entsetzlich. Ich wusste, dass ich einen Fehler beging. »Ich freue mich für sie. Ich war dort glücklich und sie wird es auch sein.«

»Und wo gehen Sie nun hin?«

Plötzlich, diesmal ohne Nebelschleier, sah ich einen schäbigen Marktplatz in einer Stadt am Meer. Ich befand mich in keinem Körper mehr, sondern schwebte über der Gegend. »Ich gehe in eine arme Stadt, eine sehr arme Stadt. Ich tue irgendetwas mit Fischen. Ich bin alt und säubere Fische. Ja, ich glaube, das ist meine Arbeit.«

»Sind Sie jemals verheiratet gewesen?«

»Nein.«

»Betrachten Sie Ihren Tod«, wies mich Dr. Griffith an. »Woran sterben Sie?«

Sogleich befand ich mich wieder im Körper der Frau, die stark gealtert war. Ich spürte, dass ich fest in etwas eingewickelt war und erstickte; rings um mich herum war Wasser. Ich kämpfte, saß jedoch in der Falle und bekam keine Luft. Immer wieder schluckte ich Wasser. Ich hatte völlig die Orientierung verloren, denn zwar konnte ich selbst mich nicht bewegen, wurde aber im Wasser herumgewirbelt. Es erforderte meine ganze Willenskraft, meine gefalteten Hände nicht voneinander zu lösen, um die Lehne der Couch zu umklammern. »Ich glaube, ich ertrinke. Es hat etwas mit Fischen zu tun. Ich glaube, ich habe mich in einem Netz verfangen und ertrinke.«

»Sehen Sie sich nun selbst aus Ihrem Körper emporsteigen«, leitete mich Dr. Griffith an. »Sie sind frei. Denken Sie an dieses Leben zurück und erzählen Sie mir, was Sie daraus gelernt haben.«

Bei Dr. Griffith' Worten schwappte eine gewaltige Welle von Schuldgefühlen über mich hinweg, weil ich meine Tochter im Stich gelassen und sie bei der Arbeit am Altar zurückgelassen hatte, während ich weiterzog. Außerdem verspürte ich ein nahezu übermächtiges Bedürfnis, mich für meine Taten zu rechtfertigen, damit sie nicht ganz so schlecht erschienen, wie sie meines Wissens nach wirklich gewesen waren. »Meine Tochter würde dort glücklicher sein«, sagte ich. »Sie würde dort dasselbe haben wie ich. Es war eine große Ehre, dort arbeiten und daran teilhaben zu dürfen. Wirklich eine Ehre. Ganz bestimmt. Das habe ich meiner Tochter ermöglicht und ihr damit etwas sehr Wichtiges gegeben. Ich wusste, dass sie dort glücklich sein würde. Ich habe im Leben nie jemanden gehabt, doch vielleicht würde sie jemanden haben, wenn ich sie dort ließ. Ich habe nie jemanden gehabt.«

»Lassen Sie uns nun weitergehen«, sagte Dr. Griffith. »Steigen Sie zum Licht empor und erholen Sie sich.«

Eine kurze Pause trat ein, während der ich mir weiterhin vernünftige Gründe dafür vor Augen zu halten suchte, dass ich meine Tochter nicht wirklich im Stich gelassen, sondern ihr im Grunde ein besseres Leben ermöglicht hatte, als sie es bei mir gehabt hätte. Aus irgendeinem Grunde war es enorm wichtig, das glauben zu können, doch es klang immer noch hohl.

»Und nun gehen wir in der Zeit voran zu dem Leben, das Sie vor ihrem jetzigen gelebt haben.«

Kapitel 5

Die Vision vom Leben der Griechin verblasste und wieder konnte ich für eine Weile nichts als mattgraue Wolken erkennen. Ich war sehr erleichtert, dieses Leben verlassen zu haben, das mich mit den heftigsten Schuldgefühlen, meine Tochter im Stich gelassen zu haben, erfüllte; es war wie eine enorme Belastung, die mich so niederdrückte, dass es beinahe unerträglich war. Im Kopf wusste ich, dass es idiotisch war, Schuld oder Scham zu empfinden, denn von all diesen Erlebnissen war schließlich keines wahr. Mein Unterbewusstsein bastelte sich lediglich Geschichten aus den Bruchstücken vergessener Erinnerungen zusammen; vielleicht setzte es auch nur meine Eindrücke von den zahlreichen vernachlässigten Kindern zusammen, mit denen ich als Polizist bereits zu tun gehabt hatte. Doch ob Fantasie oder nicht, die Schuldgefühle waren da.

Als sich die grauen Wolken verzogen, verschwanden diese Gefühle jedoch und beinahe ohne Verzögerung erschienen neue anschauliche Bilder. Irgendwie wusste ich, dass ich nun wieder das Leben des Malers betrachtete, doch nicht von dem Punkt aus, an dem wir vorher aufgehört hatten. Statt über ihm zu schweben wie beim letzten Mal, als ich auf sein Leben geschaut hatte, befand ich mich nun in seinem Körper und im Atelier.

»Ich male ein Porträt von jemandem«, erklärte ich, als ich einen Pinsel in meiner Hand entdeckte. Eine Frau saß mir Modell, ziemlich steif und mit hochgezogenen, ja, regelrecht gekrümmten Schultern. Unwillkürlich fragte ich mich, warum jemand, der so unattraktiv war, wohl ein Porträt von sich haben wollte. Sie hatte offenbar einen Buckel. Ich warf einen Blick auf die Leinwand; das Porträt schien beinahe fertig zu sein.

Bei einem Rundblick durch das Atelier sprudelten weitere Informationen aus mir heraus. »Ich male nicht gerne Porträts«, erzählte ich Dr. Griffith. »Aber ich brauche das Geld.« Der Gedanke an diese Geldsorgen erfüllte mich mit Verzweiflung, so als ob der Maler an kaum etwas anderes gedacht hätte.

»Und wo sind Sie?«, erkundigte sich die Psychologin.

»In meinem Atelier. Ich sehe das Licht von oben hereinströmen. Eine Dame in einem langen Kleid ist bei mir; ich porträtiere sie. Aber ich male nicht gern Porträts.«

»In welcher Stadt oder welchem Land befinden Sie sich?«

»Das weiß ich nicht. Ich kann nicht aus den Fenstern über mir schauen.« Immerhin fiel mir die Farbe der Fensterrahmen auf. »Alle Fensterrahmen sind schwarz gestrichen.«

»Wer ist die Frau, die Sie malen?«

Doch mir kam weder ein Name noch irgendeine Bezeichnung in den Sinn. »Ich glaube, eine wichtige Persönlichkeit.« Das vermutete ich jedenfalls, denn sonst hätte sie sich wohl kaum porträtieren lassen. »Und ich male sie, obwohl ich nicht gern Leute porträtiere. Aber ich brauche das Geld, unbedingt.«

»Schreiten Sie fünf Jahre voran«, sagte Dr. Griffith. »Wo sind Sie nun?«

Nach einem erneuten Szenenwechsel schien ich in einem anderen Gebäude zu sein. Ich stand neben einem meiner Bilder, hitzig mit einem Mann diskutierend. Ich spürte enormen Ärger in mir aufsteigen. »Ich streite mich mit jemandem«, berichtete ich. »Ich bin wütend, weil ich das Licht nicht gut für mein Gemälde finde.«

»Gehen Sie noch weiter vor«, bat mich Dr. Griffith.

Ich wartete einen weiteren Szenenwechsel ab. Das Bild wurde scharf, ich war weit weg von dem Gebäude, in dem ich noch kurz zuvor gestanden hatte. »Ich sehe einen großen Garten und eine Steintreppe, die zu einem Haus hinaufführt.«

»Gut«, sagte Dr. Griffith. »Betreten Sie das Haus – was sehen Sie dort?«

Ich schlenderte die Steintreppe hinauf und durch die Tür. »Amanda spielt Klavier. Das Klavier ist ziemlich groß und der Deckel ist geöffnet. Sie trägt ein gelbes Kleid, ein tolles, weit geschnittenes Kleid.«

»In welchem Land sind Sie?«

»Ich glaube in Frankreich.«

»Lassen Sie uns noch ein Stück weiter vorgehen.«

Das Bild verschwand und ich versank wieder im Nebel. Bevor jedoch eine neue Szene auftauchte, schien ein Gedanke mit solcher Macht aus meinem Kopf und auf meine Lippen zu drängen, dass ich auf der Couch zusammenzuckte. Der Gedanke schien äußerst wichtig, auch wenn ich ihn nicht richtig verstand. »Sie haben gesagt, sie sei an einem Blutgerinnsel gestorben«, platzte ich heraus. »Sie haben gesagt, es sei ein Blutgerinnsel gewesen.« Plötzlich legte sich eine tiefe Traurigkeit schwer auf meine Brust, wie man sie nur dann empfindet, wenn man jemanden verloren hat, der einem unglaublich wichtig war. Ich wusste nicht, von wem ich da sprach, aber ich wusste, dass es eine Frau war, die dem Maler sehr viel bedeutet hatte. Ich fühlte mich den Tränen nahe. »Ein Blutgerinnsel, haben sie gesagt.«

Auf einmal schaltete sich der Kassettenrekorder, den ich mitgebracht hatte, mit lautem Klicken ab, woraufhin sich die hypnotische Trance auflöste. Ich hatte eine Kassette gekauft, mit der man sechzig Minuten pro Seite aufnehmen konnte, sodass ich eine entsprechend lange Aufnahme haben würde. Ich konnte gar nicht glauben, dass die Zeit schon um war, auch wenn ich an der Gefühllosigkeit meiner Glieder spürte, dass ich lange reglos dagesessen hatte. Trotzdem wollte ich gern noch mehr sehen.

»Es ist an der Zeit, wieder ins zwanzigste Jahrhundert zurückzukehren«, sagte Dr. Griffith.

Sie hätte gar nichts sagen müssen, denn ich war schon wieder zurück in der Gegenwart, doch die Szenen, deren Zeuge ich gerade geworden war, standen mir noch immer lebhaft vor meinem inneren Auge.

Kapitel 6

Beim Versuch, die Augen zu öffnen, musste ich feststellen, dass meine Augenlider zusammenzukleben schienen, und ich blinzelte mehrmals, um sie richtig aufzubekommen. Da ich in den noch immer im Schoß gefalteten Händen schon lange kein Gefühl mehr hatte, begann ich nun, die Finger zu bewegen, um sie wieder zu spüren. Dabei schaute ich auf die Uhr und konnte es kaum glauben. Ich hatte wirklich fast genau eine Stunde völlig bewegungslos mit geschlossenen Augen auf der Couch gesessen. Nie hätte ich für möglich gehalten, zu so etwas fähig zu sein.

Nach wenigen Augenblicken kehrte das Gefühl in meine Hände zurück und meine Handgelenke begannen schmerzhaft zu kribbeln. Ich lockerte weiter meine Finger, stand auf und machte einen Katzenbuckel. Mein Hintern fühlte sich regelrecht tot an. Dann bemerkte ich, dass Dr. Griffith mich lächelnd ansah. Ich war nicht sicher, was dieses Lächeln bedeutete, fühlte mich aber beim Gedanken an die vergangene Stunde und an das, was ich gesagt hatte, plötzlich ziemlich unbehaglich und spürte, wie das Blut mir heiß in die Wangen stieg. Wie ein Police Captain hatte ich mich nun wirklich nicht benommen, eher wie ein Volltrottel.

Mir wurde klar, dass meine Annahme, mich könne niemand hypnotisieren, offenbar falsch gewesen war, denn ich war ja unzweifelhaft hypnotisiert worden und hatte ebenso unzweifelhaft zumindest einen Teil meiner Fähigkeit nachzudenken, bevor ich den Mund auftat, eingebüßt. Ich hatte immer noch keine Ahnung, warum ich jene Dinge gesagt oder woher ich die Informationen gehabt hatte – ich wusste nur, dass ich im Laufe der letzten Stunde meine Worte oft nicht mehr bewusst steuern konnte. Viel schlimmer aber war, dass ich mich wie einer der durchgeknallten und abgedrehten Typen benommen hatte, wegen der ich immer die Augen verdreht hatte. Eine geschlagene Stunde lang hatte ich dort gesessen und Blödsinn von mir gegeben. Entsprechend unwohl fühlte ich mich jetzt, da ich nicht mehr unter Hypnose war. Was ich in Trance gesagt hatte, schien ja in dem Moment normal zu sein und zu meinen Erlebnissen zu passen, aber jetzt wirkte es ein bisschen dämlich.

Da ich Dr. Griffith' Blick nicht begegnen wollte, beugte ich mich hinüber und griff nach meinem Kassettenrekorder. Ich wollte so schnell wie möglich raus aus der Praxis, hatte ich mich doch in der letzten Stunde wie jemand aufgeführt, der nicht mehr alle Tassen im Schrank, der sich nicht unter Kontrolle hat. Das beunruhigte mich vor allem, weil ich seit so vielen Jahren als Polizist tätig war und die Arbeit bei der Polizei nun einmal sehr viel mit Kontrolle zu tun hat. Polizisten mögen es überhaupt nicht, wenn sie eine Situation nicht unter Kontrolle haben.

Um Dr. Griffith nicht anschauen zu müssen, fummelte ich an dem Kassettenrekorder herum. Woher, so fragte ich mich erneut, woher waren jene Szenen gekommen, die ich so deutlich gesehen hatte? Aus meiner Fantasie? Das war die einzige Möglichkeit. Vielleicht hatte ich doch keinen so starken Willen, wie ich gedacht hatte. Vielleicht wollte ja unter Hypnose irgendetwas tief in mir Dr. Griffith gefallen und ich hatte aus diesem Grunde anhand ihrer Vorgaben über frühere Leben jene Geschichten erfunden. Doch klang das nicht besonders überzeugend.

Alles, was ich da erlebt hatte, war einfach zu lebendig und zu wirklich, um der bloßen Fantasie zu entspringen, dachte ich, während ich das Datum auf die Kassette schrieb, um mich irgendwie zu beschäftigen, bis ich endlich die Praxis verließ. Viel zu lebendig und wirklich. Doch wenn es kein Produkt der Fantasie war, was war es dann? Ich steckte die Kassette in die Plastikhülle. Dann waren es vielleicht tatsächlich Erinnerungen, nicht aus früheren Leben, sondern aus diesem Leben, Erinnerungen an vergessene Dinge. Das hatte ich ja beim Anblick der Szenen schon ein paar Mal gedacht und es ergab einen Sinn. Das musste es sein! Ich hatte lediglich irgendwelche Erinnerungen ausgegraben und so zusammengesetzt, dass eine Geschichte herauskam, die Dr. Griffith gefiel. Das musste es sein. Das war die einzige Erklärung. Und doch brachte mich diese Antwort fast zur Verzweiflung.

»Können Sie jetzt, wo Sie einen Blick auf diese Leben geworfen haben, erkennen, in welchem Zusammenhang sie mit Ihrem heutigen Leben stehen?«, fragte Dr. Griffith und schaltete ihren eigenen Kassettenrekorder aus. »Können Sie erkennen, welche Bedeutung sie für die Ereignisse in Ihrem jetzigen Leben haben?«

Das konnte ich in dem Moment wahrhaftig nicht, ich war viel zu durcheinander und verwirrt von den jüngsten Geschehnissen. Wenn die Bilder, die ich gesehen hatte, so verschwommen gewesen wären wie in einem Traum, hätte ich mir längst nicht so viele Gedanken gemacht, doch sie waren so klar und deutlich gewesen, dass ich sie immer noch vor Augen hatte. Ich murmelte irgendetwas, ich weiß nicht mehr, was, doch es ging darum, dass ich erst einmal etwas Zeit brauchte, um über all diese Bilder nachzudenken, und dass mir die Bedeutung noch nicht klar war.

Dr. Griffith drängte mich nicht und so stellte ich ihr rasch einen Scheck über sechzig Dollar aus, schnappte mir meine Kassette und den Rekorder und brach überstürzt auf. Als ich aus dem Haus trat und zum Parkplatz ging, verwandelte sich das taube Gefühl in meinem Hintern in ein schmerzhaftes Kribbeln. Doch ich fuhr nicht gleich davon, sondern blieb ungefähr eine Dreiviertelstunde im Wagen sitzen und dachte über das, was ich gerade erlebt hatte, nach. Manchmal passieren einem eben Dinge, die einen so sehr berühren oder aufwühlen, dass man innehalten muss, um sich erst einmal über sie klar zu werden. Anschließend muss man überlegen, was sich dadurch für einen ändern und wie man darauf reagieren wird. Dies war ein solcher Moment.

Da ich, wenn ich die Augen schloss, die Bilder immer noch ganz deutlich und bewusst sehen konnte, dachte ich, dass ich sie, selbst wenn sie als verdrängte oder vergessene Erinnerungen aus meinem Unterbewusstsein gekommen waren, nun irgendwo gespeichert hatte, wo sie viel leichter zugänglich waren. Besonders deutlich sah ich noch die Frau mit der steifen Körperhaltung, den hochgezogenen Schultern und dem Buckel vor mir, deren Porträt ich mich hatte malen sehen. Auch das Bild, das in der Villa über dem Kamin gehangen hatte, zu der ich als Geist geflogen war, hatte ich noch vor Augen. Wenn es sich hier einfach um ausgegrabene Erinnerungen handelte, die ich in eine Geschichte eingebaut hatte, wo hatte ich dann diese beiden Bilder schon einmal gesehen?

Nachdem ich eine Weile gegrübelt hatte, dachte ich schließlich, dass mir die Antwort wahrscheinlich eines Tages aus heiterem Himmel einfallen würde, oder ich würde irgendwo Bilder von den Gemälden entdecken und mich dann daran erinnern, wo ich sie zum ersten Mal gesehen hatte. Nachdem ich all diese Gedanken eine halbe Stunde lang gedreht und gewendet hatte, war ich mir völlig sicher, dass es sich um vergessene Erinnerungen handeln musste, da alles andere meinen bisherigen Überzeugungen zuwiderlaufen würde. Dann müsste ich mein ganzes Weltbild neu konstruieren und dazu war ich angesichts so wenig stichhaltiger Beweise bestimmt nicht bereit. Nein, sagte ich mir noch einmal, das waren nur Geschichten, um Dr. Griffith zu gefallen. Es konnte nicht anders sein.

Schließlich war ich überzeugt davon, eine logische Erklärung gefunden zu haben, wurde jedoch das Gefühl nicht los, dass ich gerade etwas von ganz entscheidender Bedeutung erlebt hatte. Wie oft ich mir auch sagte, dass es eine logische Erklärung für all das gab – das Gefühl, dass die deutlichen Bilder wirklich waren, blieb. Trotzdem versicherte ich mir immer wieder, dass mein Weltbild noch heil war und die angeblichen früheren Leben ohnehin überhaupt nicht zu mir passten. Ein Künstler? Wenn das stimmte, warum hatte ich dann keinerlei künstlerische Begabung? Ich bin zwar immer ein sehr guter Schüler gewesen und habe mein Studium an der Universität von Indianapolis mit summa cum laude abgeschlossen. Für das Graduiertenkolleg an der Universität von Wisconsin habe ich dann sogar ein Vollstipendium bekommen. Ein einziges Mal aber hatte ich in der Schule eine Sechs für eine ungenügende Arbeit bekommen – im Kunstunterricht. Der Lehrer, für den es offenbar nicht zählte, wenn sich jemand aufrichtig und ernsthaft bemühte, sagte, ich hätte absolut keine künstlerische Begabung. Andererseits musste ich zugeben, dass ich mich immer für Kunst interessiert hatte. Ich habe mich nie gründlich damit beschäftigt und kenne mich wirklich nicht besonders gut aus, ich weiß nur, was mir gefällt und was nicht. Die Werke aus dem sechzehnten bis achtzehnten Jahrhundert mag ich am liebsten; für die Impressionisten und andere moderne Kunst dagegen konnte ich mich nie begeistern. Sie sind für mich wie Gedichte mit freien Rhythmen, ein Versuch, Kunstwerke zu erschaffen, aber ohne die dazugehörige harte Arbeit.

Bevor ich an jenem Tag zu Dr. Griffith gegangen war, hatte ich darüber nachgedacht, was für ein Leben ich wohl früher geführt haben könnte, wenn es so etwas wie ein früheres Leben überhaupt gab. Ich konnte mir vorstellen, ein Soldat, ein amerikanischer Ureinwohner oder vielleicht auch ein Wikinger gewesen zu sein. Aber ein Künstler? Ein Mädchen, das an einem Altar diente?

Ein Höhlenmensch? Nein, das ging ja nicht einmal ansatzweise in die Richtung, die ich mir vorgestellt hatte. Ganz und gar nicht. Zum Glück hatte ich einen Studienabschluss in Psychologie und wusste daher, dass das Gedächtnis des Menschen ein seltsames Ding voller Überraschungen ist. Das hat meine Sitzung bei Dr. Griffith wohl hinlänglich bewiesen.

Nachdem ich also eine Dreiviertelstunde lang versucht hatte, aus meinen Erlebnissen während dieser Sitzung bei der Psychologin schlau zu werden, rief ich von meinem Autotelefon aus Detective Graban an. Nicht, um ihr zu sagen, dass sie vollkommen, oder zumindest teilweise, Recht gehabt hatte, sondern lediglich, um ihr zu erzählen, dass mein Gedächtnis mir einige höchst merkwürdige Dinge gezeigt hatte. Ich sagte ihr, ich sei nicht ganz sicher, welche eigentlich, aber ich könne jetzt verstehen, dass Leute solche Bilder irrtümlich für frühere Leben hielten, vor allem wenn sie sie so deutlich sehen konnten wie ich. Als ich nach kurzem Schweigen nichts mehr zu sagen wusste, dankte ich Detective Graban nochmals dafür, dass sie mich zu Dr. Griffith geschickt hatte, und legte auf. Nach dem Gespräch war ich jedoch mit meinen Worten nicht zufrieden. Bestimmt hatte es sich so angehört, als ob ich gerade ein einschneidendes Erlebnis gehabt hätte und jetzt nicht wüsste, wie ich damit umgehen sollte. Auf der Rückfahrt schlichen sich immer wieder Zweifel ein, so oft ich mir auch versicherte, die einzige logische, vernünftige Erklärung für meine Erlebnisse gefunden zu haben.

Als ich schließlich in meine Einfahrt fuhr, gab ich den Versuch auf, mir ein für alle Mal über das Geschehene klar zu werden. Ich begriff, dass ich dem Vorfall zu große Bedeutung beimaß und mich anderen Dingen zuwenden musste. Das sagt sich so leicht, doch wie sehr ich mich auch bemühte, das Ganze zu vergessen, die Zweifel und Fragen ließen sich einfach nicht abschütteln. Nach reiflicher Überlegung erzählte ich meiner Frau an jenem Abend meine Erlebnisse. Melanie ist ein sehr pragmatischer, analytisch denkender Mensch und ich teste meine Theorien gern im Gespräch mit ihr. Da sie und Cathy Graban befreundet waren und als Detectives in Fällen von Kindesmissbrauch zusammenarbeiteten, wusste Melanie, warum ich zu Dr. Griffith gefahren war, ja, sie hatte mir noch am selben Tag gesagt, dass sie es für eine blöde Idee hielt. Nun hörte sie sich höflich und geduldig meine Geschichte von der Sitzung bei Dr. Griffith an, war jedoch ebenfalls äußerst skeptisch; meine Visionen könnten nichts anderes als Produkte meiner blühenden Fantasie oder aber vergessene Erinnerungen sein.

Ich stimmte ihr zu und anschließend ließen wir das Thema fallen. Dennoch ließen mich die Deutlichkeit und das Gefühl der Echtheit meiner Erlebnisse nicht los und so nahm ich später am Abend, nachdem meine Frau zu Bett gegangen war, die Aufnahme von der Sitzung mit ins Wohnzimmer und erlebte all die Szenen beim Anhören noch einmal. Die meisten Bilder hatte ich ja ohnehin noch deutlich vor Augen, vor allem die beiden Gemälde. Ich brauchte nur die Augen zu schließen, um sie ebenso klar zu sehen wie am Nachmittag.

Nachdem ich das Band zweimal angehört hatte, hielt ich mir ein letztes Mal meine Erklärung vor Augen, in der Hoffnung, dass sie stimmte. Das war ja alles recht interessant, aber mehr auch nicht. Immerhin verstand ich nun, warum leichtgläubige Menschen solche Bilder tatsächlich für Szenen aus früheren Leben halten mochten. Bei einem derartigen Kinofilm hätte ich sicherlich auch geglaubt, die Handlung spiele in einer anderen Epoche.

Aber das war ja der Sinn von Kinofilmen und außerdem, so argumentierte ich, konnte man auch computergenerierte virtuelle Bilder anschauen, die ebenfalls täuschend echt wirkten, doch deshalb noch lange nicht Wirklichkeit waren. Und dasselbe galt für all die anderen Bilder.

Am nächsten Tag ging ich zur Arbeit und versuchte, nicht mehr an die Sitzung bei Dr. Griffith zu denken. Es gelang mir nicht. Den ganzen nächsten Monat ging sie mir jeden Tag durch den Kopf, oft sogar mehrmals täglich. Wenn ich im Fernsehen eine Sendung sah, die in irgendeiner anderen Epoche spielte, dachte ich daran. Wenn ich irgendein Kunstwerk sah, dachte ich daran. Manchmal brauchte es auch keinerlei Anstoß, um meine Gedanken auf die Sitzung zu lenken. Richtig verwirrend fand ich allerdings, dass ich auch nach einem Monat die Szenen, die ich erlebt und die Gemälde, die ich angeschaut hatte, noch deutlich sehen konnte – ich brauchte nur die Augen zu schließen. So oft ich vor mir selbst meine logische Erklärung auch wiederholte, ich schien doch in Bezug auf die Sitzung noch immer ein gewisses Unbehagen zu verspüren. Irgendwie fühlte es sich einfach nicht an wie zusammengestückelte Erinnerungen, sondern vielmehr wie die Wirklichkeit, wie eine wahre Geschichte.

Wie es oft mit unbequemen und ungelösten Angelegenheiten so geht, die man abschütteln will, setzte sich die Sitzung immer mehr in meinem Kopf fest, statt allmählich zu verschwinden. Ich begann sogar, von ihr zu träumen. Mindestens ein- oder zweimal die Woche hatte ich einen Traum, in dem es entweder um Dr. Griffith oder um das Leben des Malers, auf das ich unter Hypnose geblickt hatte, ging. Schließlich stellte ich fest, dass ich regelrecht besessen war und mir, wenn ich das Ganze anders nicht aus dem Kopf bekam, eindeutig würde beweisen müssen, dass es nichts als erfundene Geschichten aus vergessenen Erinnerungen waren. Als Polizist hatte ich es schon mit vielen Leuten zu tun gehabt, die von irgendetwas besessen waren, daher wusste ich, dass so etwas schließlich dazu führen kann, dass Leute zu Schaden kommen. Also beschloss ich, das Ganze loszuwerden, indem ich glasklare Beweise für meine Erinnerungstheorie erbrachte. Ich war mir sicher, dass dies bei sorgfältiger Planung nur wenige Stunden in Anspruch nehmen würde.

Als ich mich hinsetzte und eine Strategie entwarf, kam mir der Gedanke, dass das Porträt, das ich mich malen sehen hatte, und das gerahmte Bild über dem Kamin in der Villa vermutlich berühmte oder halbwegs berühmte Gemälde waren, die ich irgendwann einmal in einem Geschichtsbuch oder einem Buch über Kunst gesehen hatte. In meinem Unterbewusstsein hatte ich daran noch Erinnerungen und daraus dann die »Erinnerungen an ein früheres Leben« zusammengeflickt. Es lag also nahe, in einschlägigen Büchern nach diesen Gemälden zu suchen. Sobald ich sie gefunden und etwas darüber gelesen hatte, würde ich mich bestimmt an den Ort erinnern, an dem ich sie schon einmal gesehen hatte. Ich griff zu einem neuen gelben Notizblock, begann mit »A« auf dem ersten Blatt und schrieb auf jedes weitere Blatt einen neuen Buchstaben, denn mir war klar, dass ich eine alphabetische Liste der Bücher brauchen würde, die ich bereits durchgearbeitet hatte, wenn ich mir nicht die doppelte und dreifache Arbeit machen wollte.

Und so besuchte ich in den nächsten Wochen in der Mittagspause stets die Central Library, die Stadtbibliothek von Indianapolis, die über einen großen Bestand an Kunstbänden verfügt. Ich begann, die Bücher über berühmte Gemälde und Künstler durchzublättern, und war mir sicher, bald auf eines oder beide Gemälde zu stoßen. Wie die meisten Pläne entwickelte sich jedoch auch dieser nicht ganz wie vorgesehen, denn ich fand keines der Bilder und stellte außerdem fest, dass es in der Bibliothek hunderte von Kunstbänden gab.

Entsprechend langweilig wurde diese Arbeit nach ein paar Tagen; ich hatte nicht die Zeit für eine intensive Beschäftigung mit den Gemälden oder für entsprechende Lektüre und konnte daher die Bücher nur durchblättern. Anders ging es nicht, denn sonst würde ich nie fertig werden; schließlich waren in einem Buch oft hunderte von Gemälden abgebildet. Diese stumpfsinnige Beschäftigung empfand ich jedoch nicht als störend, denn ich glaubte schließlich fest daran, mit ihr Erfolg zu haben. So funktioniert ein Großteil der wirklich guten Arbeit bei der Polizei – viele schwierige Fälle wurden schon gelöst, weil sich ein Polizist durch Stapel von Informationen arbeitete, bis er schließlich auf das fehlende Puzzleteil stieß.

Ich dagegen stellte nach mehrwöchiger Arbeit und mehreren hundert Kunstbänden fest, dass ich den ersten Notizblock und einen Teil eines weiteren vollgeschrieben hatte, ohne eines der Gemälde aufgespürt zu haben. Bei der Ausarbeitung meiner Strategie hatte ich beschlossen, meine Suche auf Maler des neunzehnten Jahrhunderts zu beschränken. Ich konnte zwar nicht ausschließen, dass mein Unterbewusstsein diese Information einfach erfunden hatte, doch dachte ich mir, dass ich meine Suche ja später immer noch ausdehnen konnte, wenn nötig. Und da ich noch nichts gefunden hatte, blieb mir wohl nichts anderes übrig. Meine Suche war offenbar zu eng begrenzt gewesen. Nach weiteren Wochen langweiligen Durchblätterns von Büchern über berühmte Gemälde des achtzehnten, neunzehnten und frühen zwanzigsten Jahrhunderts war ich immer noch nicht fündig. Ein paar Mal waren meine Augen an einem Gemälde hängen geblieben und ich hatte schon eines der beiden zu erkennen geglaubt. Aufgeregt hatte ich innegehalten, musste aber bei näherer Betrachtung jedes Mal feststellen, dass ich mich geirrt hatte.

Aufgeben wollte ich freilich trotzdem nicht, denn ich wusste ja, dass ich die Bilder irgendwo gesehen haben musste. Mehr noch, ich hatte Angst, dass das Ganze noch mehr zu einer fixen Idee werden würde, wenn ich jetzt das Handtuch warf. Am Ende würde ich dann die Sitzung bei Dr. Griffith überhaupt nicht mehr aus dem Kopf bekommen. Leider war mir bei meiner damaligen Suche noch nicht klar, dass ich in der Bibliothek meine Zeit vergeudete, da ich, um eines der Bilder zu finden, eine Entfernung von sechzehnhundert Kilometern würde zurücklegen müssen.

Kapitel 7

Nach weiteren sechs Wochen Suche während der Mittagspause und dem einen oder anderen freien Tag, den ich in der Bibliothek über den weniger bekannten Werken berühmter Maler verbrachte, musste ich meine Nachforschungen schließlich für eine Weile unterbrechen, um meine bisherige Strategie zu überdenken. Nicht, weil ich das Suchen leid war, nein, ich habe noch nie schnell aufgegeben. Übrigens schreibe ich auch einen Großteil meiner Erfolge als Student, als Polizist und als Schriftsteller schlicht meiner beharrlichen Entschlossenheit zu – doch selbst die hilft einem nicht weiter, wenn sie am falschen Punkt ansetzt.

Inzwischen hatte ich jedes Buch der Bibliothek durchgearbeitet, das Abbildungen der bekannten und weniger bekannten Werke berühmter Maler enthielt, und hatte mehrere Schreibblöcke gefüllt, alles ohne den geringsten Erfolg. Nun, da ich noch immer keines der beiden Gemälde gefunden hatte, wurde mir klar, dass sich in meiner Strategie ein Fehler verbergen musste. Eine Zeit lang zog ich die Möglichkeit in Betracht, dass ich die beiden Gemälde bloß erfunden, sie mir einfach ausgedacht hatte, doch das war ziemlich unwahrscheinlich, da ich sie so klar und deutlich vor mir gesehen hatte. Nein, es musste sie wirklich geben, ich war mir ganz sicher. Aber wo hatte ich sie gesehen? Um dies herauszufinden, bedurfte es offenbar einer neuen Strategie – meine Nachforschungen mussten in eine andere Richtung gehen.

Nach reiflicher Überlegung beschloss ich, meine Suche einfach vorübergehend einzustellen, um meinem Unterbewusstsein Zeit zu geben, mich zur Lösung des Problems zu führen. Bei polizeilichen Ermittlungen funktioniert das oft hervorragend. Wenn die Beamten sich eine Zeit lang mit einem Fall beschäftigt haben und anscheinend in einer Sackgasse stecken, wenden sie sich einfach einem anderen Fall zu und lassen den alten links liegen. Doch während sie sich dem neuen Fall widmen, arbeitet ihr Unterbewusstsein intensiv an dem vorigen Fall weiter. Oft kommt dann die Lösung zum Vorschein – oder zumindest eine Idee, wie man anders an die Sache herangehen könnte.

Obwohl mit den vielen Aufgaben, die man als Police Captain zu erledigen hat, in den folgenden Wochen vollauf beschäftigt, vergaß ich die beiden Gemälde nur selten. Wenn ich die Augen schloss, konnte ich sie immer noch sehen und nach wie vor dachte ich mehrmals täglich an meine Sitzung bei Dr. Griffith. Was mich freilich noch mehr verwirrte, war die Tatsache, dass ich auch weiterhin davon träumte. In einem Traum sah ich mich mit einem alten Mann sprechen. Sein Gesicht konnte ich nicht sehen, doch ich spürte, dass er weise und allwissend war. Er sagte mir, dass meine Stieftochter und ich bereits viele Leben miteinander verbracht hätten. In einem anderen Traum zeigte mir der Alte zwei Bücher, eines mit Text ohne Bilder, das andere mit Bildern ohne Text. Er sagte mir, diese beiden Bücher zeigten den Unterschied zwischen meinem gegenwärtigen und meinem früheren Leben. Einen anderen Traum hatte ich mindestens ein Dutzend Mal. Darin sah ich meinen älteren Bruder und mich selbst als Künstler, manchmal in einer Künstlerkolonie, manchmal auch gemeinsam im Atelier. Das alles machte mir bewusst, dass ich nach all den Monaten kaum weniger besessen von der Geschichte war und dringend einen neuen Ansatz, einen neuen Weg finden musste, um diesen Fall aufzuklären. Ich musste diese Episode abschließen und weiterleben. Als mir endlich der zündende Gedanke kam, erschien er mir so nahe liegend und einleuchtend, dass ich mitten in der Besprechung, in der ich mich gerade befand, in Gelächter ausbrach. Da es sich um eine Besprechung über den Etat der Polizei handelte, also wohl kaum die richtige Gelegenheit für einen derartigen Heiterkeitsausbruch, zog man rund um den Tisch befremdet die Augenbrauen hoch.

Während wir also über die Höhe der Ausgaben im kommenden Jahr diskutierten, wurde mir plötzlich klar, dass ich bei meinen Nachforschungen mein Ego hatte mitmischen lassen. Ich hatte vorausgesetzt, dass jedes Gemälde, von dem mein Unterbewusstsein mir sagte, ich habe es gemalt, notwendigerweise berühmt oder zumindest bekannt sein und daher in Büchern über berühmte Maler aufgeführt sein müsse. Nun begriff ich, dass die beiden Bilder, die ich unter Hypnose erblickt hatte, mit größerer Wahrscheinlichkeit unbekannte Gemälde eines unbedeutenden Künstlers waren. Vermutlich hatte ich sie irgendwann einmal gesehen und, eben weil sie unbedeutend waren, gleich wieder vergessen. Also musste ich meine Suche nur erweitern, sie auf Bücher über unbekanntere Maler ausdehnen und die berühmten Künstler und ihre Meisterwerke schlicht vergessen. Außerdem durfte ich nicht ausschließlich in Büchern suchen, sondern musste mit Leuten reden, die die Bilder vielleicht ebenfalls gesehen hatten oder mir nützliche Hinweise zum Auffinden der Kunstwerke geben konnten.

Zu Beginn meiner Nachforschungen hatte ich angenommen, dass diese nur wenige Stunden dauern und in jedem Fall von Erfolg gekrönt sein würden. Auch die monatelange ergebnislose Suche hatte mich nicht entmutigt – ich glaubte immer noch, dass ich die Bilder schließlich finden würde. Den Umfang des notwendigen Arbeitsaufwands hatte ich allerdings inzwischen nach oben korrigiert. Doch wegen des erhöhten Schwierigkeitsgrads würde ich mich umso mehr freuen, endlich fündig zu werden. Als ich an jenem Abend nach Hause kam, schnappte ich mir die Gelben Seiten und einen Stadtplan von Indianapolis, auf dem ich sämtliche Kunsthandlungen und Galerien der Stadt einkreiste. Meine Suche würde wesentlich leichter sein, wenn ich diese systematisch abklapperte, ohne Wege doppelt zurückzulegen.

Zwei Monate später hatte ich vergebens jeden Kunstband in der Bibliothek durchgesehen und jede Kunsthandlung und Galerie der Stadt besucht. Meine Hoffnung, eine Person zu finden, die eines der Gemälde gesehen hatte, hatte mich ebenfalls in eine Sackgasse geführt, aber ich war keineswegs gewillt aufzugeben. Wenn ich jetzt die Flinte ins Korn warf, würde ich mich ewig fragen, ob ich den Fall nicht hätte aufklären können, wenn ich nur noch ein wenig länger gesucht hätte. Bisher hatte ich allerdings nichts und niemanden gefunden, der mir die Existenz der Bilder bestätigt hätte. In jeder Kunstgalerie sagte man mir dasselbe: Selbst wenn mir der Name des Malers oder die Titel der Gemälde bekannt wären, sei es äußerst schwierig, den Aufenthaltsort der Bilder herauszufinden, da es in den Vereinigten Staaten kein Gesamtverzeichnis sämtlicher Gemälde gebe. Ich müsste immer noch jeden Kunsthändler und jede Galerie in den USA anrufen, um die Bilder aufzuspüren. Da ich aber nur eine Beschreibung der Gemälde hatte, weiter nichts, versicherten mir die Kunsthändler ein ums andere Mal, meine Suche sei so gut wie zum Scheitern verurteilt. Trotz dieser düsteren Aussichten weigerte ich mich aufzugeben. Die beiden Gemälde waren mir während meiner hypnotischen Rückführung einfach zu deutlich erschienen, um nicht wirklich zu existieren. Es musste sie einfach geben, davon war ich überzeugt. Also konnte man sie auch finden, es würde nur eine Menge Arbeit erfordern.

Nach all den Monaten erfolgloser Suche musste ich mir fortwährend sagen, dass diese Nachforschungen nichts anderes waren als Ermittlungen in einem Kriminalfall, der durch den Fund eines ganz bestimmten Beweismittels aufgeklärt wird. Ich kannte dieses Beweismittel auch und wusste, dass es mit genügend Fleiß gefunden werden konnte. Ich musste mir einfach noch größere Mühe geben. Wenn ich jetzt aufgab, würde ich damit einräumen, in einem Fall versagt zu haben, der doch eigentlich keine Schwierigkeit darstellen sollte, und dazu war ich ganz und gar nicht bereit. Also begann ich als Nächstes, die verschiedenen Buchhandlungen in und um Indianapolis aufzusuchen: B. Dalton, Walden's, Half Price Books, Borders. All diese Läden führten nämlich Kunstbände, die nicht in der Bibliothek standen. Besonders gern ging ich zu Borders. Dort gab es nicht nur ein breites Sortiment an Kunstbänden, sondern auch Stühle und Hocker, sodass die Suche weniger ermüdend war. Nachdem ich den Laden allerdings ein paar Dutzend Mal besucht hatte, ohne etwas zu kaufen, fiel mir auf, dass die Angestellten jedes Mal die Stirn runzelten, wenn ich eintrat. So verbrachte ich mehrere Monate in Buchhandlungen; weiter blieb mir der Erfolg versagt.

Wieder war ich mit meinem Latein am Ende und allmählich verließ mich ein wenig der Mut. In den hunderten von Stunden meiner Suche hatte ich lediglich zwei Bilder entdeckt, die demjenigen ähnelten, das ich in der Villa über dem Kamin hatte hängen sehen. In beiden Fällen war ich zunächst ganz aufgeregt gewesen, doch wenn ich die Augen schloss und das Bild in der Villa vor mir erschien, konnte ich die Unterschiede zu den anderen beiden Bildern erkennen. Außerdem gelang es mir nicht, einen Zusammenhang zwischen mir und den Bildern, auf die ich in den Kunstbänden gestoßen war, herzustellen. Keine plötzliche Erinnerung überkam mich, die mir sagte: »Ja klar, dort habe ich es gesehen!«

Doch ich wollte mich noch immer nicht geschlagen geben. Nach wie vor musste ich fast täglich an die Rückführung denken und träumte des Nachts von ihr. Ich hatte Angst, diese Besessenheit würde erst nachlassen, wenn ich das Rätsel gelöst hätte. Zuerst hatten mich vor allem die immer wiederkehrenden deutlichen Bilder verfolgt, die vor meinem geistigen Auge auftauchten, doch jetzt merkte ich, dass ich eher davon besessen war, diese Gemälde tatsächlich aufzuspüren und zu identifizieren. Für einen erfahrenen Ermittler hätte das eigentlich eine leichte Aufgabe sein müssen. Ich redete mir ein, dass ich nur deshalb so versessen darauf war, die Bilder zu finden, weil dies für meine detektivischen Fähigkeiten eine Herausforderung darstellte – eine Herausforderung, die ich annehmen und bewältigen würde. Ähnlich wie ein Polizist, der an einem schwierigen Fall arbeitet, beschloss ich, meinen Ermittlungen nochmals eine andere Richtung zu geben.

Ich hatte nicht sofort eine Idee, wo und wie ich am besten weitersuchen sollte, und kam nach reiflicher Überlegung zu dem Schluss, dass ich weitere Informationen brauchte, bevor ich weiterforschen konnte. Während meiner bisherigen, monatelangen Suche hatte ich außer meiner Vision keinerlei Anhaltspunkte für die Gemälde besessen. Ich musste einfach etwas mehr über den Maler oder seine Bilder wissen.

Daher entschied ich mich dafür, noch mal ganz von vorne anzufangen. Es war mir immer noch peinlich, dass mich Dr. Griffith bei der ersten Sitzung so erlebt hatte; dennoch suchte ich sie für eine weitere Hypnose auf. Ich hoffte, auf diese Weise zu neuen Informationen zu gelangen, hoffte, durch eine weitere Reise ins Leben des vermeintlichen Künstlers in Erfahrung zu bringen, woher ich mein Wissen über ihn nahm. Ich fiel erneut in einen hypnotischen Trancezustand und durchlebte einige sehr wirklichkeitsnahe Szenen, die sich jedoch alle auf frühere Leben bezogen, die so weit zurücklagen, dass sie mir nicht weiterhalfen. Von meinem angeblichen Künstlerleben sah ich nichts.

Diese Informationsquelle hatte also keinerlei Ergebnisse erbracht. Ich beschloss, anders an die Sache heranzugehen. Wenn ich über den Maler und seine Bilder nichts Neues in Erfahrung bringen konnte, musste ich eben mehr über das wissen, was während der Hypnose mit mir geschehen war. So würde ich vielleicht verstehen, woher meine Erinnerungen an die Gemälde kamen. Ich begann also, mich über die hypnotische Rückführungstherapie kundig zu machen, las mehrere Dutzend entsprechender Bücher und Fachzeitschriften, sowohl von Befürwortern als auch von Gegnern. Außerdem entdeckte ich in Indianapolis einen New-Age-Laden. Sobald ich den betreten hatte, verspürte ich umso dringender das Bedürfnis zu beweisen, dass hinter meiner so genannten Rückführung nichts als zusammengeflickte vergessene Erinnerungen steckten. Auf gar keinen Fall wollte ich mit Leuten in einen Topf geworfen werden, die sich inmitten von Amuletten, Kristallen, Räuchergefäßen und anderem esoterischen Zubehör wohl fühlten. Es war mir furchtbar peinlich, in dem Laden zu sein, und ich hoffte inständig, von niemandem gesehen zu werden. Dennoch kaufte ich ein Dutzend Bücher über frühere Leben und Reinkarnation, dazu eine Kassette, mit deren Hilfe man angeblich erlernen konnte, eine Selbsthypnose durchzuführen und sich selbst in frühere Leben zurückzuführen.

Überrascht stellte ich bei meiner Lektüre in den folgenden Wochen fest, dass viele Menschen, die sich einer Rückführung unter Hypnose unterzogen hatten, von ähnlichen Dingen berichteten, wie ich sie erlebt hatte. Viele schilderten zum Beispiel, wie sie nach dem Tod ihren Körper verlassen hätten und über ihm geschwebt wären, genau wie ich. Die meisten waren ebenfalls in der Lage, sich durch Wände und Zimmerdecken hindurchzubewegen, und häufig wurde geschildert, wie man ein wenig herumwandert, bevor man »zum Licht emporsteigt«. Es gab allerdings einen Unterschied: Die meisten Leute, die sagten, sie seien im Seelenzustand auf der Erde geblieben, statt direkt zum Licht aufzusteigen, hatten dies getan, um sich zu vergewissern, dass es den Menschen, die sie liebten, gut ging. Ich musste lächeln. Anscheinend war ich ein ziemlich herzloser Egoist, denn statt mich um das Wohlergehen meiner Lieben zu sorgen, die ich zurückgelassen hatte, war ich in meinem angeblichen früheren Leben vielmehr darauf erpicht gewesen, einen letzten Blick auf meine Gemälde zu werfen, ehe ich die Erde verlassen musste.

Bedeutsamer fand ich allerdings, dass sich mir damit ein weiteres Rätsel stellte: Woher hatte ich gewusst, dass Leute sich so verhalten, wenn sie während einer Rückführung den Moment des Todes erleben? Hatte Dr. Griffith vielleicht entsprechende Anspielungen gemacht? Ja, das musste es wohl sein. Als ich mir die Aufnahmen von der Sitzung noch einmal anhörte, stellte ich jedoch fest, dass sie vieles, das ich mir vorgestellt hatte, nicht einmal andeutungsweise erwähnt hatte. Sie hatte mich zwar aufgefordert, zum Licht emporzusteigen, was erklären würde, warum ich mich hatte fliegen sehen, doch sie hatte es erst gesagt, nachdem ich bereits das erste Mal über dem Boden der Höhle geschwebt war. Dass ich später nach meinem Tod zu meinen Bildern hinübergesegelt war, stand sogar eindeutig im Widerspruch zu Dr. Griffith' Anweisungen, zum Licht aufzusteigen. Also, jetzt musste ich das Rätsel, wo ich die beiden Bilder schon einmal gesehen hatte, aber wirklich lösen und beweisen, dass es Rückführungen in frühere Leben nicht gab, denn bisher sprachen die mageren Ergebnisse meiner Nachforschungen eher für das Gegenteil.

Um weiterforschen zu können, musste ich einen Abend abwarten, an dem weder meine Frau noch meine Kinder zu Hause waren. Sodann schloss ich mich im Wohnzimmer ein, stöpselte das Telefon aus und probierte die Selbsthypnose- und Rückführungskassette aus, sogar mehrmals. Mehr als den flüchtigen Eindruck eines dichten Waldes brachte ich jedoch nicht zustande.

In einigen esoterischen Büchern war ich auch auf schriftliche Anleitungen für Selbsthypnose und Rückführungen gestoßen, die der Methode von Dr. Griffith' ähnlich zu sein schienen und ein stark entwickeltes Vorstellungsvermögen voraussetzten. Auch sie probierte ich mindestens ein Dutzend Mal aus, jedoch nur zweimal mit Erfolg. Bei jenen beiden Malen spürte ich, wie ich in den gleichen hypnotischen Zustand versetzt wurde wie damals, als ich plötzlich das Tal wiedererkannte. Der Zustand hielt nur ein paar Sekunden an und wurde dann abrupt durch die Zahl 1917, die mir geradezu explosionsartig erschien, beendet.

So kam ich nach den Versuchen mit den Büchern und der Kassette, nach monatelangen erfolglosen Nachforschungen und nochmaliger systematischer Überprüfung von sämtlichen bisherigen Unternehmungen (in der vagen Hoffnung, etwas übersehen zu haben) schließlich zu dem Ergebnis, dass ich diesen Fall wohl besser zu den Akten legen sollte. Ich hatte weder eine weitere Spur noch eine Idee, wie ich nun vorgehen könnte. Irgendwann kommt man einfach an den Punkt, an dem man aufhören, an dem man akzeptieren muss, dass man keinen Erfolg haben wird, wie sehr man sich bemüht. Auch bei der Polizei gibt es oft einfach unlösbare Fälle, bei denen man nicht weiterkommt, und auch dort werden diese Fälle zu den Akten gelegt. Sie gelten dann nicht als abgeschlossen, sondern als stillgelegt. Falls irgendwann neue Beweise auftauchen, kann man die Akte wieder aus dem Schrank holen, abstauben und die Ermittlungen erneut aufnehmen, doch bis dahin befasst sich niemand konkret mit dem Fall.

Was meinen Fall anging, so hielt ich es damals für ziemlich unwahrscheinlich, dass die Ermittlungen jemals wieder aufgenommen werden würden. All das würde wohl ich wohl eher als Geheimnis mit ins Grab nehmen. Ich konnte nur hoffen, dass, wenn genügend Zeit verstrichen war, meine Besessenheit allmählich nachlassen und sich schließlich ganz legen würde. Damals war mir freilich nicht klar, dass die neuen Beweise, die ich brauchte, nur noch zwei Monate und sechzehnhundert Kilometer entfernt waren.

Kapitel 8

Obwohl ich mir wirklich alle Mühe gab, gelang es mir in den folgenden beiden Monaten nicht, die Sitzung bei Dr. Griffith zu vergessen oder wenigstens spürbar weniger an sie zu denken. An manchen Tagen ertappte ich mich sogar häufiger bei dem Gedanken an sie als in den ersten Monaten nach der Hypnose, manchmal ein halbes Dutzend Mal am Tag oder öfter, vor allem früh morgens, wenn ich mich noch gut an meine Träume der vergangenen Nacht erinnern konnte. Dennoch fielen mir keine neuen Mittel ein, um zu beweisen, dass ich keine Bilder aus früheren Leben gesehen hatte. Wenn mir dieser Beweis gelänge, würde mich das Ganze bald nicht mehr beschäftigen, davon war ich überzeugt.

Doch mir kam einfach keine Idee, wo ich nach weiteren Informationen hätte suchen können, und so sagte ich mir immer wieder, dass ich zwar offenbar nicht nachweisen konnte, dass meine Visionen auf ausgegrabenen Erinnerungen beruhten, dass ich aber für das Gegenteil ebenfalls keine Beweise hatte. Meine Versuche, das Ganze zu vergessen, um wieder zur Ruhe zu kommen, schlugen jedoch fehl.

Kurz nachdem ich meine aktiven Nachforschungen eingestellt hatte, rief mich Melanie an einem Morgen im April im Büro an und schlug vor, zur Feier unseres bevorstehenden Hochzeitstages eine kleine Reise zu machen, irgendwohin, wo noch keiner von uns gewesen war.

»Was hältst du davon, an unserem Hochzeitstag nach New Orleans zu fahren?«, fragte sie.

Die Vorstellung gefiel mir sofort, denn New Orleans kannte ich noch nicht. Ich hatte schon oft gehört, es sei ein lohnendes Reiseziel, und außerdem wohnte eine Freundin von mir dort, die ich schon lange nicht mehr gesehen hatte. Und was noch wichtiger war: Ein Tapetenwechsel war genau das, was ich brauchte, um endlich nicht mehr so viel über die Hypnose zu grübeln.

»Hört sich prima an«, lautete meine Antwort daher. »Weißt du was, warum treffen wir uns nicht in der Mittagspause im Reisebüro?« Nach diesem Gespräch ging es mir gleich besser. Seit Monaten schon sehnte ich mich danach, wieder ein normales Leben ohne übernatürliches Zeug zu führen – vielleicht würde die Reise dabei helfen.

»Ende April ist eine ausgezeichnete Reisezeit für New Orleans, wenn Sie nicht zum Mardi Gras wollen«, erfuhren wir ein paar Stunden später im Reisebüro. »Die Frühjahrsferien sind dann vorbei und das Wetter ist gut. Es ist noch nicht so heiß und für die Stechmücken noch zu früh.«

Das kam uns gelegen und so buchten wir auf der Stelle zwei Flugtickets und ließen uns für fünf Tage ein Zimmer in einem Luxushotel mitten im French Quarter, der Altstadt von New Orleans, reservieren.

Als unser Hochzeitstag näher kam, flogen wir also nach New Orleans, besorgten uns am Flughafen einen Mietwagen und fuhren dann zur Anmeldung zum Hotel. Ich stellte fest, dass die Dame in unserem Reisebüro sich in einem Punkt geirrt hatte: Natürlich war es richtig, dass der Mardi Gras lange vorbei war, und auch das Wetter war schön, doch dass es nach den Frühjahrsferien ruhiger sei, stimmte ganz und gar nicht. Als Melanie und ich am ersten Abend das French Quarter erkunden wollten, merkten wir, dass es von feiernden Studenten nur so wimmelte. Überall, wo wir hinkamen, fanden wir die entsprechenden Spuren, von Bergen zerknüllter Pappbecher bis hin zum durchdringenden Gestank der unvermeidlichen Lachen von erbrochenem Alkohol. Nicht gerade die besten Zutaten für eine romantische Reise zum Hochzeitstag.

Doch trotz der Studentenpartys genossen wir unsere ersten vier Tage in der Stadt. Melanie war schon immer in Geschichte vernarrt und nach einem Blick in ihre Bücher und Karten stellte sich heraus, dass New Orleans praktisch an jeder Ecke etwas von historischer Bedeutung aufzuweisen hatte. So besuchten wir zahllose Häuser, Plantagen und Schlachtfelder aus der Zeit vor dem Bürgerkrieg und beinahe jede Sehenswürdigkeit im Umkreis von hundertfünfzig Kilometern rund um New Orleans, die historisch irgendwie bedeutend war. Auch New Orleans selbst, belehrte mich Melanie, während sie mich von einer Sehenswürdigkeit zur anderen schleppte, ist stolz auf seine bewegte Geschichte von seinen Tagen als französische Siedlung bis hin zu seiner Rolle im Kriegsjahr 1812 sowie auf seine Zeit als wichtiger Hafen für den Grenzverkehr auf dem Mississippi bis hin zu der Rolle, die es im Bürgerkrieg spielte. Es gefiel uns beiden richtig gut, doch noch wichtiger war, dass ich während der ersten vier Tage überhaupt nicht an meine Hypnosesitzung dachte.

Den vorletzten Abend verbrachten wir mit meiner Freundin Vicki, die ich 1985 auf einer Tagung in Vermont kennen gelernt hatte. Nach dem Abendessen kutschierte sie Melanie und mich durch die Stadt und zeigte uns einiges, was abseits der üblichen Touristenpfade lag.

Für unseren fünften und letzten Tag in New Orleans schlug ich Melanie einen Schaufensterbummel im French Quarter vor. Auf unseren abendlichen Kneipentouren durch die Altstadt war mir nämlich aufgefallen, dass es dort anscheinend jede Menge reizender Boutiquen, Kunstgalerien und Antiquitätenhandlungen gab, die jedoch stets bereits geschlossen hatten, wenn wir daran vorbeikamen.

Es stellte sich bald heraus, dass ich Recht gehabt hatte: Wir entdeckten, dass das French Quarter Dutzende interessanter, ausgefallener Läden beherbergte. Es dauerte nicht lang, da erspähte Melanie ein großes Geschäft, das alle möglichen Dinge von historischem Interesse verkaufte, und statt nur die Schaufenster anzuschauen, verbrachten wir gleich einige Zeit im Inneren des Ladens. Danach klapperten wir ein halbes Dutzend Antiquitätenhandlungen ab, wie ich zuvor noch keine gesehen hatte. Wenn in Indiana jemand beim Pflügen seiner Äcker irgendwelche verrosteten landwirtschaftlichen Gerätschaften oder Werkzeuge ausgräbt, werden sie sofort abgebürstet und als antik verkauft. In den Geschäften im French Quarter gab es dagegen schönes altes Porzellan, hübsche Möbel aus dem neunzehnten Jahrhundert und sogar ein Messingfernrohr von Alvin Clarke. Ich begeisterte mich schon seit langem für Astronomie und wusste daher, wie kostbar so etwas war. Der Besitzer des Ladens wusste es leider ebenfalls und verlangte einen entsprechend hohen Preis.

In der Royal Street entdeckten wir mehrere Häuserblocks mit einer Kunstgalerie an der anderen. Die ersten, durch die wir schlenderten, erwiesen sich als viel größer, als sie von außen gewirkt hatten; manchmal hatten sie zwei oder drei Stockwerke. Die Sammlungen waren ganz hervorragend, es fanden sich viele schöne Werke der alten Meister darunter. In einer Galerie blieben wir stehen, um bewundernd eine Reihe von Gemälden zu betrachten, die alle thematisch verwandt zu sein schienen und offenbar alle von demselben Künstler stammten.

»Das sind Szenen aus einer Wagner-Oper«, erläuterte ein Mitarbeiter der Galerie, als er uns vor den Bildern stehen sah. »Sie hingen früher einmal in einem Opernhaus in Italien.«

In einer anderen Galerie entdeckten wir eine Sammlung impressionistischer Meister, so etwa von Degas, Pissarro und Manet. Im Gegensatz zu mir mag Melanie den Impressionismus sehr und so verbrachten wir auch in dieser Galerie eine ganze Weile.

Interessanterweise schienen die Galerien immer kleiner zu werden, je weiter wir die Straße hinunterschlenderten. Die Bilder wurden immer billiger und natürlich waren auch die Künstler längst nicht mehr so bekannt. Etwa zwei Häuserblocks nach der ersten Kunsthandlung, die wir besichtigt hatten, betraten wir noch eine kleine Galerie. Melanie marschierte direkt die Treppe hinauf, um sich eine Sammlung moderner Kunst anzuschauen, die auf einer Art Empore ausgestellt wurde. Ich dagegen wandte mich nach rechts und bewunderte die Gemälde, ohne jedoch auch nur ein Werk oder einen Künstler zu kennen. In der Ecke stand eine Staffelei, auf der ein Porträt ausgestellt war. Nach einem kurzen Blick darauf wollte ich schon weitergehen, hielt aber dann so abrupt inne, als ob ich gegen eine Glaswand gerannt wäre. Ich fuhr herum und starrte mit offenem Mund auf das Bild. Früher hatte ich einmal an einen Draht gefasst, ohne zu wissen, dass er unter Strom stand – und genauso fühlte es sich jetzt an: Es war, als ob meine Arme und Beine unter Strom stünden, und ich war unfähig, mich zu rühren.

Kapitel 9

Am 13. Oktober 1978 war ich gegen neun Uhr morgens in meine Wohnung gekommen und hatte ohne irgendwelche Anzeichen oder irgendeine Vorwarnung meine erste Frau tot aufgefunden. Meine Erinnerungen an dieses traumatische, entsetzliche Erlebnis waren stets auf schmerzhafte Weise lebendig geblieben. Es war das einzige Mal, dass ich einen noch größeren Schock erlitt als in jener unscheinbaren kleinen Kunstgalerie in New Orleans, in der ich das Porträt der buckligen Frau entdeckte.

Auch wenn ich Monate mit der Suche nach diesem Bild verbracht hatte, fühlte ich mich, nachdem ich es gefunden hatte, so ähnlich wie damals nach dem Tod meiner Frau – ich wusste gar nicht, was ich tun sollte. Ich habe festgestellt, dass man sich, wenn man stark unter Schock steht, im Grunde weniger auf seine Routine und Instinkte verlassen kann, als man es vielleicht erwartet. Stattdessen scheint der Verstand auf der Suche nach der richtigen Antwort blind durch die Gegend zu stolpern.

Ich hatte ja wirklich unzählige Stunden damit zugebracht, Kunstbände durchzublättern und Galeristen nach diesem Porträt zu fragen, doch damit, dass ich es auf diese Weise finden, dass ich zufällig darüber stolpern würde, hatte ich nicht gerechnet. Was nun? Wenn ich eine Abbildung davon in einem Buch entdeckt hätte, wäre ich nicht überrascht gewesen; vielmehr hätte das meine Vermutung bestätigt, dass das Gemälde berühmt genug war, um in ein Buch über Kunstwerke aufgenommen zu werden. Außerdem hätte es erklärt, wo ich das Bild schon einmal gesehen hatte und mich nur nicht mehr daran erinnern konnte. Damit wären sämtliche übernatürlichen Begründungen hinfällig gewesen.

Doch darauf, in einem kleinen Laden sechzehnhundert Kilometer von zu Hause entfernt einfach so auf das Bild zu stoßen, war ich absolut nicht vorbereitet. Das konnte kein Zufall mehr sein, sagte ich mir. Ganz und gar nicht.

Ich hörte eine innere Stimme, die ich als diejenige erkannte, die mein Leben lang mein logisches Denken gesteuert hatte. Nun sagte sie mir, ich müsse mich irren – dies sei bestimmt nicht das Porträt, das ich unter Hypnose gesehen hatte. Wie hoch war denn die Wahrscheinlichkeit, einfach so über das Bild zu stolpern? Viel zu gering. Ich musste mich irren. Doch dieser Stimme der Logik und der Vernunft zum Trotz wusste ich, dass ich Recht hatte. Es war das Gemälde aus meiner Vision.

Während ich mit geschlossenen Augen reglos und immer noch unter Schock vor dem Bild stand, schien meine Haut elektrische Funken zu sprühen. Wieder sah ich mich in dem Atelier, wie ich das Porträt malte, sah auch die bucklige Frau, vor deren Bild ich nun stand, mir Modell sitzen, aufrecht und mit steif hochgezogenen Schultern. Entgegen aller Logik war ich mir noch nie einer Sache so sicher gewesen: Dies war genau das Porträt, das ich mich hatte malen sehen.

Polizisten mögen solche erstaunlichen Zufälle nicht, denn später stellt sich oft heraus, dass in Wirklichkeit nur alles so geplant war, um wie ein Zufall auszusehen. In diesem Fall hielt ich das freilich für ausgeschlossen. Wieder und wieder schloss ich die Augen, um die Szene im Atelier vor mir zu sehen. Konnte es nicht doch sein, dass ich das alles nur erfunden hatte und dann auf ein Gemälde gestoßen war, das mit dem meiner Fantasie identisch war? Sehr unwahrscheinlich. Es musste eine andere Erklärung geben, doch vorerst wollte mir keine einfallen.

Eine ganze Weile noch blieb ich vor dem Porträt stehen, um es mit meiner Vision zu vergleichen. Allmählich bekam die Situation etwas Unwirkliches, wie ein sehr deutlicher Traum, aus dem man schweißgebadet erwacht und nach dem man sich immer wieder sagen muss, dass es eben nur ein Traum war. Nicht die Wirklichkeit.

Im Grunde hatte ich keinen Zweifel mehr, dass es sich um ein und dasselbe Bild handelte; dennoch redete ich mir ein, dass ein solcher Zufallsfund einfach zu verrückt sei, um wahr zu sein. Für einen Moment spielte ich mit dem Gedanken, dass ich vielleicht eine Art Schlaganfall gehabt hatte und nun lediglich dachte, ich stünde vor diesem Porträt, während ich in Wirklichkeit irgendwo in einem Krankenhausbett oder gar in einem Pflegeheim lag. So verzweifelt war ich bereits auf der Suche nach einer vernünftigen Erklärung. Doch Verzweiflung hin oder her, etwas Derartiges gab es im wahren Leben einfach nicht. Wie wahrscheinlich war es, nach monatelanger systematischer Suche einfach so über das Bild zu stolpern? Wie wahrscheinlich war es, dass Melanie zufällig nach New Orleans fahren wollte und wir zufällig diese Galerie genau dann besuchten, als dort dieses Gemälde zu verkaufen war? Nein, so viele Zufälle konnte es gar nicht geben. Ich musste mich irren, dies konnte nicht das Gemälde sein. Es konnte einfach nicht sein.

Ich versuchte mir einzureden, dass die Bilder sich lediglich ähnelten, mehr nicht, doch so oft ich mir das auch sagte, ich wusste im Grunde, dass es nicht stimmte. Ich stand vor dem Porträt, das ich mich hatte malen sehen. Ohne jeden Zweifel.

Nachdem ich mir das schließlich widerwillig eingestanden hatte, wurde mir die Ironie der Situation bewusst: In meinen dreißig Jahren Polizeidienst hatte ich stets nach der Wahrheit gesucht, auch dann, wenn sie nicht immer so aussah, wie ich es erwartet hatte. Und nun stand ich hier anscheinend vor der Wahrheit, die ich hatte finden wollen, und wollte es nicht wahrhaben, versuchte es zu leugnen. Das war jedoch unmöglich. Ich musste akzeptieren, dass ich tatsächlich das Bild entdeckt hatte, das ich mich unter Hypnose hatte malen sehen. Jetzt galt es nur noch, eine logische Erklärung dafür zu finden. Daran war nichts Übernatürliches, sagte ich mir. Im wirklichen Leben geschehen keine übernatürlichen Dinge; so etwas gibt es nur im Kino. Ich begann, tief durchzuatmen, um die elektrische Spannung abzubauen, die meinen Armen zu entströmen und meinen Brustkorb zu erfüllen schien.

»Sie stellen sich bestimmt gerade vor, wie gut sich das über Ihrem Kamin ausnehmen würde, oder?«

Ich zuckte erschreckt zusammen, als diese Stimme plötzlich mitten in meine Überlegungen hineinplatzte, drehte mich um und sah einen kleinen Mann mit bereits schütterem Haar in dunklem Anzug vor mir stehen und mich anlächeln. Es war, als hätte mich jemand abrupt aus tiefem Schlaf gerissen. »Äh ... äh, ja, ich habe es gerade bewundert«, sagte ich und versuchte, meine Gedanken zu ordnen. Dann suchte ich nach einer Signatur auf dem Gemälde. »Wie heißt der Maler? Ich bin mir nicht sicher, dass ich das Bild kenne.«

»Der Künstler heißt Beckwith.« Mit diesen Worten ging er zu einem alten Holzschreibtisch hinüber, der sich unter Stapeln von Papieren bog. »Ich glaube, hier habe ich etwas über sein Leben.« Zuerst wühlte er in den Papierstapeln herum, dann kam ihm offenbar plötzlich ein Gedanke, woraufhin er eine große Schreibtischschublade öffnete und die Ordner darin durchblätterte. »Ah ja, hier ist es.« Er zog ein einzelnes Blatt von etwa DIN-A4-Größe heraus und kam damit wieder zu mir herüber.

»Dieses Stück ist Teil eines Nachlasses, den wir erworben haben«, erklärte der Galerist. »Ich kann es Ihnen sehr günstig überlassen.«

Als ich den Namen des Künstlers las, schien sich in meinem Magen eine kalte, saure Flüssigkeit anzusammeln und gurgelnd in ihm herumzuschwappen: Der Maler hieß J. Carroll Beckwith, was mir gar nichts sagte. Doch der Buchstabe »J« erinnerte mich daran, dass ich Dr. Griffith gesagt hatte, mein Name sei Jack. Wie gebannt blieb mein Blick freilich am Geburts- und

Todesjahr des Malers hängen: 1852–1917, las ich ein ums andere Mal. Nun wurde mir richtig flau im Magen, denn mir schossen meine Versuche der Selbsthypnose durch den Kopf, vor allem die letzten beiden Male, die jeweils mit der abrupten Schau der Jahreszahl 1917 geendet hatten. Nein, sagte ich mir nochmals, das war einfach zu verrückt. Ich steigerte mich da in etwas hinein. Es musste eine logische Erklärung geben und sobald ich die gefunden hatte, würde ich über all die Möglichkeiten, die ich bisher in Betracht gezogen hatte, nur noch lachen können.

Schließlich zwang ich mich, die Augen von den Jahreszahlen abzuwenden und den Abschnitt darunter zu lesen. Mir wurde regelrecht übel, als ich sah, dass Mr. Beckwith, der in Hannibal, Missouri geboren war und die meiste Zeit seines Lebens in New York City gelebt hatte, in Paris bei einem Maler namens Duran studiert hatte. Von Duran hatte ich noch nie etwas gehört, doch ich erinnerte mich daran, dass ich bei der Rückführung zu Dr. Griffith gesagt hatte, ich befände mich vermutlich in Frankreich. Weiter hieß es in der Biografie, Beckwith habe für seine Gemälde mehrere angesehene Preise gewonnen, darunter Medaillen bei Ausstellungen in Paris, Atlanta und Charleston. Plötzlich sah ich wieder die Szene vor mir, in der mir die Leute zu irgendetwas gratuliert hatten.

Nun rebellierte nicht nur mein Magen; mir war auch fürchterlich schwindelig, denn mir wurde klar, dass in diesem Augenblick mein gesamtes Weltbild schwankte und einzustürzen drohte. Ich riss mich zusammen. So seltsam das alles auch war, es musste doch eine vernünftige Erklärung dafür geben. Plötzlich kam mir der

Foto von James Carroll Beckwith als junger Mann.
Sammlung der New-York Historical Society

Foto von James Carroll Beckwith in fortgeschrittenem Alter. Sammlung der New-York Historical Society

rettende Gedanke und die Erleichterung strömte wie ein kühler Lufthauch über mich hinweg.

»Ist dieses Bild schon einmal irgendwo ausgestellt worden? Zum Beispiel in einem Museum?«, fragte ich. »Ich glaube es nämlich schon einmal irgendwo gesehen zu haben. Vielleicht war es auch in einer Art Wanderausstellung.«

Das hielt ich für sehr wahrscheinlich; bestimmt hatte ich zugleich auch etwas über Beckwith' Leben erfahren und nur alles wieder vergessen. In meinem Unterbewusstsein war es hingegen noch gespeichert und hatte dazu gedient, die Vision zusammenzubasteln, die ich unter Hypnose gehabt hatte. Vor Erleichterung fühlte ich mich plötzlich ganz leicht und luftig. Ich war davon überzeugt, dass dies die Erklärung war, und auf ähnlich Weise würden sich bestimmt auch die meisten anderen Visionen entlarven lassen, die Leute für Bilder aus früheren Leben hielten. Der einzige Unterschied war, dass die meisten wohl nicht so gründlich wie ich nach vernünftigeren Erklärungen suchten, sonst hätten sie bestimmt auch welche gefunden.

»Nein« – der Galerist schüttelte leicht den Kopf – »dieses Bild haben Sie noch nirgendwo gesehen. Es ist seit Jahren in Privatbesitz gewesen. Und außerdem glaube ich, ehrlich gesagt, nicht, dass es in den letzten fünfundsiebzig Jahren überhaupt eine Beckwith-Ausstellung gegeben hat. So berühmt war er nicht. Deshalb kann ich Ihnen das Porträt auch so günstig überlassen.«

So zertrümmerte der Galerist meine scheinbar logische Erklärung und prompt wurde mir wieder schwindelig. Mein Weltbild schwankte nicht nur, es brach zusammen. Um mich herum fühlte sich plötzlich alles so unwirklich an wie in einem Roman von Kafka. Mit offenem Mund stand ich da und wusste gar nicht, was ich sagen sollte, so betäubt und der Wirklichkeit entrissen fühlte ich mich. Schon 1978 hatte ich gemerkt, dass der Geist sich vom Körper zu lösen scheint, wenn Dinge passieren, die eigentlich nicht sein können.

In diesem Moment kam Melanie von oben herunter und fragte nach einem raschen Blick auf die Bilder in diesem Stock, ob ich fertig sei, überzeugt, dass ich ohnehin kein solches Gemälde kaufen würde. Da ich absolut keine Ahnung hatte, was ich tun sollte, murmelte ich irgendetwas in der Art, dass ich erst noch mal über das Bild nachdenken müsse, bevor ich eine Entscheidung treffen könne. Dann folgte ich Melanie nach draußen.

Der Rest des Tages und unser Rückflug nach Indianapolis scheint mir heute verschwommen wie ein Traum. Ich weiß noch, dass wir weitere Kunstgalerien und Antiquitätenhandlungen angeschaut haben und abends in einem sehr hübschen Restaurant im French Quarter zum Essen waren, auf einem Raddampfer, der gegenüber vom Jackson Square vor Anker lag. Doch ich war nicht richtig anwesend. Der Schock über den Fund des Bildes und der verzweifelte Versuch, trotz der Worte des Galeristen eine logische Erklärung zu finden, machten es mir unmöglich, den Rest unseres Kurzurlaubs zu genießen. Immer wieder fragte ich mich: Woher konnte ich exakt dieses Bild kennen, wenn es bisher in keinem Buch und keiner Ausstellung aufgetaucht war? Wie konnte es sein, dass ich unter Hypnose die bucklige Frau für mich hatte Modell sitzen sehen, wenn ich ihr Porträt nicht schon irgendwoher kannte?

Der Anfangsbuchstabe »J«, der Hinweis auf Frankreich, die Preise, die Beckwith gewonnen hatte, und das Datum 1917, all das zeigte mir deutlich, dass dies kein Zufall sein konnte. Ich sagte mir immer wieder, der Galerist müsse sich geirrt haben. Er hatte allerdings den Eindruck gemacht, zu wissen, wovon er redete.

Immerhin wurde mir andererseits klar, dass nun das Beweisstück aufgetaucht war, das ich benötigte, um die vor zwei Monaten eingestellten Ermittlungen wieder aufzunehmen. Jetzt hatte ich mehr Informationen als genug, um den Fall gründlich zu untersuchen, und ich wusste genau, was ich tun würde, sobald ich wieder in Indianapolis war. Ich würde mich ganz genau über diesen J. Carroll Beckwith informieren – dann würde ich auch herausfinden, woher mein Wissen über den Maler stammte. Jawohl, ich würde es herausfinden!

Gleichzeitig rief ich mir jedoch den Ratschlag ins Gedächtnis, den ich selbst schon so oft erteilt hatte: Eine der größten Sünden eines Polizisten ist es, sich bei seinen Ermittlungen gefühlsmäßig zu stark zu engagieren. Allerdings war mir bewusst, dass es schon zu spät, viel zu spät war, um mir darüber Gedanken zu machen. Bei diesem Fall waren nicht nur meine Gefühle im Spiel, und das schon seit Monaten, sondern es war für mich wahnsinnig wichtig, ihn endlich aufzuklären und abzuhaken. Ich wollte wieder mein normales Leben führen, wollte wieder ein vernünftiger, logisch denkender Mensch sein. Dazu würde ich mich aber erst einmal von diesem ganzen übernatürlichen Quatsch befreien müssen.

Kapitel 10

Am Morgen nach unserer Rückkehr aus New Orleans begab ich mich schon früh erneut in die Central Library, doch diesmal nicht, um blindlings Kunstbände durchzublättern. Ich hatte nun das nötige Wissen, um jene Verbindung herzustellen, von der ich wusste, dass sie existierte und mit deren Hilfe ich den Fall endlich würde abschließen können. Ich stellte mir vor, wie ich in ein paar Monaten auf das Ganze zurückblicken und nur noch darüber lachen würde, wie leichtgläubig ich gewesen war und was für alberne Gedanken mir gekommen waren, nachdem ich das Porträt gefunden hatte.

Die erste Stunde in der Bibliothek versetzte meinem Enthusiasmus freilich einen gehörigen Dämpfer. Es stellte sich heraus, dass es ziemlich mühsam war, etwas über Beckwith in Erfahrung zu bringen, und das, was ich herausfand, konnte man bestenfalls dürftig nennen. In den großen Nachschlagewerken über amerikanische Maler entdeckte ich nur vier oder fünf Sätze und in vielen kleineren Büchern überhaupt nichts. Es beunruhigte mich zwar, wie wenig über Beckwith zu lesen war, da es meine Theorie durchlöcherte, irgendwo seine Biografie gelesen und lediglich wieder vergessen zu haben. Trotzdem fand ich auch etwas heraus, das mir eine gewisse Erleichterung verschaffte. Das »J« in J. Carroll Beckwith stand für James, nicht für Jack. Damals war ich zwar noch nicht sicher, wie viel das bewies, aber ich fand es dennoch sehr tröstlich.

Das bisschen, was ich in der Central Library über Beckwith zusammenkratzen konnte, bestätigte im Wesentlichen nur, was ich bereits in New Orleans erfahren hatte. Bis auf seinen Vornamen erfuhr ich nichts Neues und auch nichts, was von meinen bisherigen Informationen abwich. Und so beherrschte mich immer noch ein einziger Gedanke: Wenn das alles war, was man über Beckwith herausfinden konnte, woher hatte ich dann das Wissen, das in Dr. Griffith' Praxis aus mir herausgesprudelt war?

Die Bibliothekarin, mit deren Hilfe ich sämtliche Quellen in der Central Library durchforstet hatte, schlug mir vor, es in der Bibliothek des Indianapolis Museum of Art zu versuchen, da es dort einen weit umfangreicheren Bestand an Nachschlagewerken in Sachen Kunst gebe. Das schien mir eine gute Idee zu sein, also verließ ich die Central Library im Zentrum von Indianapolis und fuhr direkt zum Kunstmuseum hinauf, einem großen Kalksteingebäude im Norden der Stadt. Unterwegs verspürte ich einen Anflug desselben irritierenden Schwindels wie in New Orleans. So wenig über Beckwith in Erfahrung zu bringen, war so ähnlich wie die Entdeckung eines Tumors im eigenen Körper. Vielleicht hatte es nichts zu sagen, doch es konnte auch von entscheidender Bedeutung sein. Auf jeden Fall war es beunruhigend.

Die Dame an der Information schickte mich in den ersten Stock des Museums. Nach endlosem Warten auf den Lift – vielleicht kam es mir auch nur so lang vor, weil ich in Eile war –, stieg ich schließlich im ersten Stock aus und begab mich direkt in die Bibliothek, in der sich außer mir nur noch ein Besucher und die Mitarbeiter befanden. Leise ging ich zum Schalter hinüber und fragte eine Bibliothekarin, ob sie mir helfen könne, alles über einen Künstler namens James Carroll Beckwith herauszufinden, was sie über ihn besaßen.

Die junge Frau war außerordentlich hilfsbereit. Als sie nach ein paar Minuten zurückkam, sagte sie zwar, sie hätte keine Bücher über Beckwith selbst, doch etwa ein halbes Dutzend allgemeiner Werke über Künstler, in denen er zumindest erwähnt werde. Darunter war auch ein Buch über den amerikanischen Maler John Singer Sargent, von dem ich später herausfand, dass er eng mit Beckwith befreundet gewesen war und in Paris ein paar Jahre lang Wohnung und Atelier mit ihm geteilt hatte. Außerdem fand die Bibliothekarin noch zwei Hinweise auf Beckwith, den einen in einem Buch über den Maler William Chase, mit dem Beckwith offenbar ebenfalls befreundet gewesen war, den anderen in einem Artikel über die Anfänge der Art Students' League in New York, einer Vereinigung von Kunststudenten, bei der Beckwith anscheinend als Lehrer gearbeitet hatte.

»Außerdem besitzen wir noch etwas über eine Ausstellung von Beckwith' Werken hier in Indianapolis.« Mit diesen Worten ging sie zu einem Aktenschrank hinüber.

Mein Herz machte einen Sprung und ich schlug mit der Faust auf den Tisch. Ich wusste es! Ich wusste es!

Der Galerist in New Orleans hatte sich doch geirrt. Es hatte eine Beckwith-Ausstellung gegeben, und zwar hier in Indianapolis. Damit hatte ich endlich die Verbindung zu meinen Visionen gefunden. Ich war so erleichtert, als ob ein Arzt mir gerade mitgeteilt hätte, dass der Tumor in meinem Körper gutartig sei. Ein Lächeln spielte um meine Lippen, als ich an all die albernen Gedanken dachte, die mir an den letzten beiden Tagen durch den Kopf gegangen waren. Es gab also doch eine logische Erklärung für das Ganze. Ich hatte Beckwith' Werke gesehen und etwas über ihn erfahren, als diese Ausstellung in Indianapolis lief, ich hatte es nur wieder vergessen. Wie die meisten merkwürdigen Dinge ließ sich auch dies ganz vernünftig erklären. Man musste nur ein bisschen suchen. Ein erhebendes Triumphgefühl und wahnsinnige Erleichterung durchströmten mich.

Allerdings nicht lange, denn als ich die Aktenmappe öffnete, die mir die Bibliothekarin in die Hand gedrückt hatte, stellte ich fest, dass die Ausstellung bereits 1911 stattgefunden hatte. Es gab einen vergilbten Zeitungsausschnitt und einen Ausstellungskatalog, das war alles.

»Sind diese Arbeiten nach 1911 nicht noch woanders ausgestellt worden?« Ich hörte die Enttäuschung in meiner Stimme.

Die Bibliothekarin schüttelte den Kopf. »Nein, aber in der Sammlung unseres Museums befinden sich zwei von Beckwith' Gemälden.« Sie griff sich ein Blatt Papier und las ab: »Äh, ein Porträt von einer Mrs. William C. Bartlett und eins von William M. Chase.«

Nicht nur, dass sich mein Triumphgefühl im Hinblick auf die Ausstellung reichlich schnell in Luft aufgelöst hatte; auch ein früherer Sieg erwies sich als sehr kurzlebig. Beim Durchlesen dessen, was die Bibliothekarin über Beckwith zusammengetragen hatte, erfuhr ich, dass der Maler den Namen James stets verabscheut hatte und sich daher in seiner Jugend andere Vornamen zugelegt hatte. Seine Abneigung gegen den Namen James war so groß, dass er in den ersten Jahren als Künstler lediglich den Anfangsbuchstaben »J« benutzte. In den letzten Jahren seines Lebens ließ er das »J« dann ganz weg und nannte sich nur noch Carroll Beckwith. Es wurde nicht erwähnt, welche anderen Namen Beckwith benutzte, doch ich ging davon aus, dass Jack wegen der Übereinstimmung der beiden ersten Buchstaben als Ersatz für James ziemlich nahe liegend war.

Aber, so sagte ich mir, selbst wenn er den Namen Jack benutzt hatte, war das allein noch nicht irritierend, sondern nur ein interessanter Zufall, ebenso wie Beckwith' Studium in Paris und sein Tod im Jahre 1917. Nichts als interessante Zufälle. Doch meine Argumente klangen schwach und was ich als Nächstes las, traf mich so unvorbereitet wie eine Wand, gegen die man in einem dunklen Raum läuft. Sein Leben lang, so hieß es, sei Beckwith hauptsächlich als Porträtmaler bekannt gewesen, obwohl er die Porträtmalerei verabscheute. Der Grund dafür sei gewesen, dass man mit Porträts recht gut Geld verdienen konnte, mit anderen Gemälden dagegen nicht. Beckwith hatte also nur aus finanziellen Gründen immer wieder Porträts angefertigt. Ich schloss die Augen und rief mir die Szene aus meiner Rückführung ins Gedächtnis, in der ich im Atelier die bucklige Frau porträtiert hatte. Und wie hatte ich noch zu

Dr. Griffith gesagt? »Ich porträtiere nicht gern Leute. Aber ich brauche das Geld.«

Wie konnte ich das gewusst haben? Schon wieder ein Zufall? Das glaubte ich nicht. Als Polizist war mir bekannt, dass bei unseren Ermittlungen gelegentlich verblüffende Zufälle vorkamen, auch wenn wir ihnen stets sehr skeptisch gegenüberstanden. Doch sie traten nie so geballt auf wie in diesem Fall. Wenn uns Polizisten ein mehr als seltsamer Zufall begegnet, sind wir alarmiert, denn wir wissen, dass es sich dann nicht um puren Zufall handeln kann. In der Regel steckt irgendetwas oder irgendjemand dahinter. Aber wenn ich es hier nicht mit Zufällen zu tun hatte, womit dann? Wer oder was konnte dahinter stecken? Beim Gedanken an die Bedeutung dieser Frage schwirrte mir der Kopf. Doch wie ein Mann, der seine Frau mit einem anderen im Bett erwischt, sich einredet, dass sie ihn dennoch liebt, so sagte auch ich mir immer noch, dass es irgendwo eine logische Verbindung geben müsse. Ich musste sie nur finden, weiter nichts.

Statt auf die erhofften logischen Antworten stieß ich beim Weiterlesen jedoch auf eine bestürzende Information nach der anderen, die alle in die entgegengesetzte Richtung wiesen. Unter den Hinweisen auf Beckwith fand sich auch eine ganz kurze Biografie, eigentlich kaum mehr als eine Anmerkung in einem dicken Buch über amerikanische Künstler. Dort hieß es, dass Beckwith, wenn er nicht mit Porträts beschäftigt war, gern im Freien Denkmäler, Gebäude und Landschaften malte und, was noch wichtiger war, dass seine Bilder von Sonne und leuchtenden Farben geprägt seien. Ich dachte an das Bild, das ich durchs Fenster der Villa betrachtet hatte – es war in leuchtenden Farben gemalt, eine große Sonne war darauf zu sehen gewesen.

Am interessantesten war jedoch, was ich in dieser Kurzbiografie über Beckwith' Tod las. Er war am 24. Oktober 1917 in New York gestorben. Sofort musste ich wieder daran denken, wie ich während der Rückführung nach meinem Tod über einer riesigen Stadt geschwebt war, und daran, dass es zwar anscheinend ein kalter, stürmischer, aber noch nicht winterlicher Abend war. Alles passte. Es gab nicht die einzige bestürzende Information von enormem Ausmaß, vielmehr bestätigte sich eine Kleinigkeit nach der anderen. Inzwischen hatte ich es aufgegeben, das alles für Zufall zu halten; stattdessen war ich nun völlig verwirrt und wusste überhaupt nicht mehr, was ich glauben sollte. So schnell konnte ich im Kopf gar nicht umschalten.

Als ich alles durchgelesen hatte, was die Bibliothekarin mir herausgesucht hatte, wurde mir klar, dass es insgesamt nur ein klägliches Häufchen von Informationen war, alles in allem nicht mehr als ein, zwei Seiten. Entscheidender war allerdings, dass ich die meisten Informationen über Beckwith nun aus diesem einen Museum hatte und zuvor nie in der Bibliothek eines Kunstmuseums gewesen war. Und in der Central Library hatte ich höchstens ein Drittel dieser Informationsmenge zusammengetragen. Ich musste mich also damit abfinden, dass man an den Orten, an denen ich vielleicht schon einmal gewesen war, einfach nicht viel über Beckwith in Erfahrung bringen konnte.

Mir ging ein letzter verzweifelter Versuch einer logischen Erklärung durch den Kopf, der jedoch gleich wieder in sich zusammenfiel. Ich hatte mich noch nie für amerikanische Maler interessiert und bisher weder von John Singer Sargent noch von William Merritt Chase je etwas gehört. Also schied auch die Möglichkeit aus, dass ich durch Bücher über diese beiden Maler etwas über Beckwith erfahren haben könnte. Selbst wenn ich etwas über sie gelesen hätte, was nicht der Fall war, so waren doch die Hinweise auf Beckwith in den entsprechenden Büchern sehr dürftig und enthielten nur wenig von dem Wissen, über das ich aus irgendeinem Grunde offenbar verfügte. Es half nichts, ich hatte einfach keine Erklärung für das Ganze.

Als ich meine Ergebnisse an den Fingern abzählte, wurde mir klar, dass selbst die erbärmlich wenigen Informationen, die ich über Beckwith erhalten hatte, bereits zehn Dinge bestätigten, die ich unter Hypnose gesehen hatte. Widerlegen konnte ich dagegen nichts. Als Erstes hatte ich das Gemälde der alten buckligen Frau gefunden. Dann hatte sich bestätigt, dass Beckwith im Herbst 1917 in einer Großstadt gestorben war, und als Nächstes, dass er am Ende des neunzehnten Jahrhunderts gelebt hatte, zeitweise auch in Frankreich, dass er für seine Malerei mit Preisen ausgezeichnet worden war, dass er ein Porträtmaler war, obwohl ihm das Porträtieren keinen Spaß machte, dass er das Geld jedoch brauchte; und schließlich, dass seine Bilder voller Sonnenschein und leuchtender Farben waren. Das waren alles keine großen Sachen, aber einfach zu viele Kleinigkeiten, als dass es noch Zufälle sein konnten. Viel zu viele.

»Ist das alles, was Sie über Beckwith haben?«, fragte ich die Bibliothekarin geradezu flehentlich. »Gibt es nicht irgendwo noch andere Bücher, die ich hier in der Stadt besorgen oder über Fernleihe bestellen könnte?«

Die Bibliothekarin überprüfte die Angaben am Computer. »Nein, das ist alles. Sie müssen bedenken, dass Beckwith ja bereits lange tot ist und wirklich nicht so berühmt war. Die Leute interessieren sich einfach nicht besonders für ihn.«

Trotz dieses abschlägigen Bescheids wusste ich, dass es in Sachen Beckwith noch zwei weitere Informationsquellen gab, und mir war klar, dass diese entweder alles unter Hypnose Gesehene bestätigen oder die Beweiskette durchbrechen würden, und danach sehnte ich mich immer verzweifelter. Ich wollte so gern wieder mein normales Leben führen und diese ganze Geschichte hinter mir lassen. Leider wusste ich noch nicht genau, ob man an jene beiden Quellen leicht herankommen konnte.

In dem Buch über John Singer Sargent stand eine Anmerkung: Eine bestimmte Anekdote über Singer Sargent stamme aus Beckwith' Tagebuch, das dieser fast sein ganzes Leben lang geführt hatte und das sich nun im Archiv der National Academy of Design in New York befand. An einer anderen Stelle wurde erwähnt, dass Beckwith gegen Ende seines Lebens eine Autobiografie geschrieben hatte, die jedoch nie veröffentlicht worden war und nun ebenfalls in besagtem Archiv stand. Mir war klar, dass ich mir um meines Seelenfriedens willen von beidem eine Kopie beschaffen musste.

Ich dankte der Bibliothekarin für ihre Hilfe und fuhr mit dem Aufzug wieder nach unten, wo ich mir eigentlich die beiden Porträts von Beckwith anschauen woll-

Porträt von William Merritt Chase aus der Hand von Beckwith, datiert von 1881–1882. Indianapolis Museum of Art, Geschenk des Künstlers

Ein weiteres Porträt, diesmal von Mrs. William C. Bartlett, 1879. Indianapolis Museum of Art, Geschenk von Mrs. Neva R. Corling

te, die dort hängen sollten. Die Dame an der Information war nur ehrenamtlich im Museum tätig und wusste lediglich, wo sich die Gemäldesammlung befand, nicht aber, wo einzelne Bilder zu finden waren. Sie musste daher telefonisch nachfragen und verband mich mit der Museumsverwalterin, die mir bestätigte, dass man zwei Gemälde von Beckwith habe. Das Porträt von William Merritt Chase sei in der American Gallery zu besichtigen, während sich das andere Gemälde zurzeit im Lager befände. Ich bedankte mich, legte auf und fragte an der Information nach dem Weg zur American Gallery.

Dort angekommen fiel mein Blick als Erstes auf ein großes, auffällig platziertes Porträt des Dichters James Whitcomb Riley aus Indiana. Es war ein besonders gelungenes Gemälde, das, wie ich beim Blick auf das Metalltäfelchen unter dem Bild feststellte, von John Singer Sargent stammte. Ein ganz hübscher Zufall, doch war mir bewusst, dass ich mich dadurch nur von meiner eigentlichen Suche ablenken ließ. Obwohl ich das Bild noch nie zuvor gesehen hatte und auch keine Ahnung hatte, wie William M. Chase aussah, wusste ich auf Anhieb, welches der Gemälde von Beckwith war. Bei seinem Anblick fuhr mir nämlich sofort heftig elektrischer Strom durch die Arme und mir wurde so schwindelig, dass ich nicht mehr fest auf den Beinen stand und den Raum verlassen musste.

Als ich kurz darauf aus dem Museum eilte, war mir, als wäre ich in eine andere Dimension eingetreten. Nichts schien mehr zu sein wie vorher, bei meiner Ankunft an diesem Ort. Es war, als habe jemand meine ganze Welt ergriffen, durchgeschüttelt und wieder abgesetzt. Alles war noch da, aber irgendwie sah einfach nichts so aus, wie es aussehen sollte. Mir wurde klar, dass ich mir so bald wie möglich die Unterlagen aus der National Academy of Design beschaffen musste. Immer noch klammerte ich mich verzweifelt an die Hoffnung, damit eindeutig beweisen zu können, woher ich mein Wissen über Beckwith hatte.

Leider sollte mir das auch gelingen.

Kapitel 11

Ich verließ den Parkplatz des Indianapolis Museum of Art und fuhr schnurstracks zurück zur Central Library. Dort begab ich mich zur Telefonbuchsammlung und schlug die Adresse der National Academy of Design in New York nach. Während ich sie mir notierte, überlegte ich, was oder wie viel ich in meinem Brief an sie erklären sollte.

Am Nachmittag saß ich dann zu Hause und schrieb einfach, dass ich zurzeit Nachforschungen über das Leben von James Carroll Beckwith anstellte, was ja auch stimmte, und dabei erfahren hätte, dass es im Archiv der National Academy of Design Tagebücher und eine unveröffentlichte Biografie des Künstlers gebe. Anschließend erkundigte ich mich, wie ich an diese Unterlagen herankommen könnte. Vermutlich würden sie mir mitteilen, dass ich nach New York kommen müsse; ich hoffte allerdings auf eine einfachere Lösung. Von der Aussicht, die weite Reise eventuell antreten zu müssen, war ich nicht gerade begeistert, wusste jedoch, dass ich es notfalls tun würde. Sobald der Brief fertig war, steckte ich ihn in einen Umschlag und fuhr zum Briefkasten. Dann sagte ich mir, dass ich vorerst nichts unternehmen konnte und es keinen Grund gab, weiter über mögliche Erklärungen zu grübeln, bis ich Antwort aus New York hatte. Also beschloss ich, bis dahin nicht mehr über Beckwith oder meine Rückführung bei Dr. Griffith nachzudenken.

Trotzdem dachte ich in der folgenden Woche an kaum etwas anderes. Während ich auf eine Antwort aus New York wartete, fühlte ich mich wie in einer anderen Welt. Es war etwas geschehen, das sich jeglicher logischen Erklärung widersetzte, und ich hatte festgestellt, dass ich über keinerlei Quellen verfügte, mit deren Hilfe ich das Ganze aufklären konnte. Mein bisheriges Wissen und meine gesammelten Erfahrungen halfen mir nicht weiter. Ich kannte Einzelheiten aus dem Leben eines Mannes, die an keinem Ort aufgezeichnet waren, zu dem ich je Zugang gehabt hatte. Aus irgendeinem Grunde wusste ich Dinge über Beckwith, die sich nur dann leicht hätten erklären lassen, wenn er ein berühmter Maler wie Rembrandt oder van Gogh gewesen wäre. Über Prominente konnte man durch Bücher und Zeitschriften, Film und Fernsehen ohne weiteres Persönliches erfahren und es war auch möglich, dass man solche Informationen wieder vergaß, aber im Unterbewusstsein noch gespeichert hatte, von wo sie in Träumen oder unter Hypnose jederzeit wieder hervorgeholt werden konnten.

Doch das traf auf Beckwith nicht zu. Er war kein berühmter oder wenigstens bekannter Künstler, sondern lediglich ein unbedeutender Porträtmaler, der am Ende des neunzehnten und am Beginn des zwanzigsten Jahrhunderts in New York gelebt und gearbeitet hatte. Soweit ich das beurteilen konnte, hatte er nie irgendetwas getan oder ein Gemälde erschaffen, das ihn aus der Masse von anonymen, unbedeutenden Künstlern, die alle versucht hatten, sich mit ihrer Malerei durchzuschlagen, herausgehoben hätte. Weder von ihnen noch von Beckwith wurden biografische Einzelheiten irgendwo aufbewahrt, wo sie für jedermann leicht zugänglich waren. Die bloße Existenz dieser Künstler wäre wohl nur anhand weniger unbedeutender Einträge in staatlichen Archiven nachzuweisen; diese waren vermutlich seit ihrer Aufzeichnung von niemandem mehr angeschaut worden.

In dem Moment, als ich erfahren hatte, dass es von Beckwith Tagebücher und eine unveröffentlichte Biografie gab, war mir klar geworden, dass dies das entscheidende Beweismittel war, mit dessen Hilfe ich aufklären konnte, was da aus meinem Unterbewusstsein hochgekommen war. Auch in Kriminalfällen gibt es oft ein Hauptbeweisstück, das eine Theorie bestätigen oder widerlegen kann, und die Ermittler suchen solche Beweise natürlich, da sie damit einen Fall möglicherweise abschließen können. Wenn ich die Tagebücher oder die Autobiografie hätte, würde auch ich meinen Fall vielleicht endlich aufklären können.

Schließlich hatte ich den Vorsatz, bis zur Antwort aus New York nicht mehr an Beckwith denken zu wollen, aufgegeben und überlegte mir, dass der Fall für mich abgeschlossen sein würde, wenn ich nur auf ein oder zwei Aspekte stoßen sollte, die nicht mit dem übereinstimmten, was ich Dr. Griffith erzählt hatte. Die ganze Geschichte wäre dann zwar immer noch höchst sonderbar, aber nicht mehr mit übersinnlichen Wahrnehmungen zu begründen. Auch wenn ich immer noch nicht wüsste, woher ich die Informationen über Beckwith hatte, die sich bereits bestätigt hatten, würden die Abweichungen von meinen Eindrücken unter Hypnose doch alles auf eine unglaubliche Häufung zufälliger Übereinstimmungen reduzieren, auf ein paar erstaunliche Übereinstimmungen und Zufallstreffer.

Und hielten sich nicht eine Menge Künstler im Laufe ihres Lebens in Frankreich auf? Ich war mir nicht sicher, doch klang das vernünftig. Außerdem ereignete sich ein Viertel aller Todesfälle im Herbst und in einer großen Stadt starben jede Menge Leute. Das alles konnten wirklich Zufallstreffer sein. Gut, selbst wenn ungefähr die Hälfte der zehn bestätigten Fakten Zufallstreffer sein sollten, blieben immer noch mehr merkwürdige Übereinstimmungen übrig, als ich in einer polizeilichen Ermittlung dulden würde. Falls aber Beckwith' Tagebücher oder die Autobiografie den Beweis erbrachten, dass meine weiteren Informationen über sein Leben nicht zutrafen, konnte ich zu keinem anderen Ergebnis kommen. Ich musste dann einfach glauben, dass es wie bei einem Millionen-Jackpot war, bei dem man eine Chance von eins zu hundert Millionen hat – auch dabei gewinnt schließlich jemand. Und ich wusste, dass ich damit leben könnte und die Geschichte mit Vergnügen abhaken würde.

Etwa anderthalb Wochen, nachdem ich meinen Brief an die National Academy of Design abgeschickt hatte, erhielt ich eine Antwort. Ja, man sei im Besitz von Beckwith' Tagebüchern und der unveröffentlichten Autobiografie, doch seien diese nicht ausleihbar. Schon sah ich mich im Geiste gezwungen, nach New York zu reisen, doch dann las ich den nächsten Abschnitt, in dem es hieß, dass die genannten Werke auch auf Mikrofilm vorhanden und in dieser Form per Fernleihe über die Archives of American Art des Smithsonian Institute angefordert werden könnten. So begab ich mich also im Laufe des Vormittags wieder einmal zur Central Library, diesmal, um einen Antrag auf Fernleihe des Mikrofilms auszufüllen.

Am nächsten Tag teilte mir eine Mitarbeiterin der Bibliothek telefonisch mit, dass der angeforderte Mikrofilm erhältlich sei, ich ihn aber laut Smithsonian Institute nur zwei Wochen lang behalten könne. Ich sagte, das ginge in Ordnung.

Da ich nun wusste, dass ich den Mikrofilm bekommen würde, musste ich eine Liste der Aspekte anfertigen, nach denen ich suchen wollte. Ich holte die Aufnahme von meiner Sitzung bei Dr. Griffith hervor, griff zu Papier und Stift und hörte mir das Band noch einmal an. Dabei notierte ich sämtliche Einzelheiten, die ich damals erwähnt hatte und die ich mithilfe der Unterlagen hoffentlich eindeutig bestätigen oder widerlegen konnte: Orte, Personen, Ereignisse, Todesursachen. Schließlich hatte ich 28 Punkte aufgelistet, 27 aus der Sitzung bei Dr. Griffith und einen aus meinem Selbsthypnose-Versuch:

1. Hat Beckwith das Porträt einer buckligen Frau gemalt?

2. Ist er 1917 gestorben?

3. Ist er im Herbst jenes Jahres gestorben?

4. Ist er in einer großen Stadt gestorben?

5. Hat er im neunzehnten Jahrhundert gelebt?
6. Haben er und seine Frau eine Zeit lang in Frankreich gelebt?
7. Ist er für einige Gemälde mit Preisen ausgezeichnet oder ist ihm öffentliche Anerkennung zuteil geworden? Ist er jemals auf einem Fest gewesen, auf dem ihm viele Leute gratuliert haben?
8. Hat er Porträts gemalt, wenn auch ungern?
9. Hat er Porträts gemalt, weil er das Geld brauchte?
10. Spielten Sonne und leuchtende Farben auf seinen Bildern ein große Rolle?
11. Hat er den Namen Jack benutzt?
12. Hat er einen Spazierstock benutzt?
13. War er ein Weintrinker?
14. Hat er nahezu verzweifelt von seinen Geldsorgen gesprochen?
15. Während meiner Rückführung habe ich gesehen, wie ich mich mit jemandem über die schlechte Ausleuchtung eines meiner Gemälde gestritten habe. Kann ich einen Hinweis darauf finden, dass Beckwith dies ebenfalls getan hat?
16. Falls Beckwith verheiratet war, klang der Name seiner Frau so ähnlich wie Amanda?

17. Haben Beckwith und seine Frau sich wegen Geld gestritten?

18. Hat seine Frau Klavier gespielt?

19. Hatten Beckwith und seine Frau Kinder?

20. Bei der Rückführung habe ich gesagt, meine Frau könne keine Kinder bekommen. Trifft dies auf Beckwith' Frau zu?

21. Bei der Rückführung habe ich behauptet, meine Frau und ich seien glücklich, obwohl wir keine Kinder hätten. Waren die Beckwith' glücklich?

22. Während der Rückführung habe ich mich in einem Atelier mit vielen Fenstern und Oberlichtern arbeiten sehen. Hat Beckwith so gearbeitet?

23. Hat Beckwith jemals eine Villa mit großem Garten besucht oder bewohnt?

24. Ist eine Frau, die Beckwith sehr wichtig war, an einem Blutgerinnsel gestorben?

25. Von meinem Atelier habe ich gesagt, es stünden überall unverkaufte Gemälde herum. War dies in Beckwith' Atelier so?

26. Ich habe gesagt: »Ich bin ein guter Maler, aber es hat so lange gedauert.« Hatte Beckwith am Ende seines Lebens das Gefühl, endlich Erfolg zu haben oder ein guter Maler zu sein?

27. Bei der Rückführung habe ich behauptet, glücklich zu sein, wenn ich male. Trifft dies auf Beckwith zu?

28. Bei der Rückführung habe ich gesagt: »Ich glaube nicht, dass sie mich mochten, aber sie mochten mein Gemälde.« Gilt dies auch für Beckwith?

Da ich ja bereits zehn Punkte zumindest teilweise bestätigt hatte, wartete ich umso ungeduldiger auf den Mikrofilm, um das Ganze hinter mich zu bringen. Im Laufe des vergangenen Jahres hatte ich festgestellt, dass es nichts Schlimmeres gibt als Ungewissheit. Es war wie die Beziehung mit jemandem, den man der Untreue verdächtigt – die Ungewissheit ist schlimmer als die eigentliche Untreue. Wenn man Gewissheit hätte, egal in welcher Hinsicht, könnte man besser mit der Sache umgehen, aber wenn man nicht sicher ist, weiß man gar nicht, wie man sich verhalten soll. Man ist nur noch angespannt und die Ungewissheit nagt im Inneren wie verborgene Krebszellen. Ich wünschte mir so sehr, die Sache abzuhaken! Wie berechenbar und geordnet war mein Leben doch vor dieser Hypnose gewesen! Alles, womit ich zu tun gehabt hatte, konnte man sehen, mit den normalen Sinnen wahrnehmen und beweisen. Vor der Rückführung hatte ich mich nie mit übernatürlichen Dingen befasst, geschweige denn daran geglaubt. Das war doch nur etwas für Fernsehsendungen wie »Akte X«. Ich wollte zu meinem bisherigen Leben zurückkehren. Das würde mir jedoch nicht richtig gelingen, solange ich diesen Fall nicht abgeschlossen hatte und die Tagebücher und die Autobiografie von Beckwith waren meine einzige Chance.

Als eine Woche später endlich die Mitarbeiterin der Bibliothek anrief, um mir mitzuteilen, dass der Mikrofilm eingetroffen sei, fuhr ich sofort zur Central Library. Jetzt kam mir zugute, dass ich seit meiner Heirat regelmäßig in dieser Bibliothek wissenschaftlich gearbeitet hatte. In den vergangenen zehn Jahren waren mehrere Bücher und zahlreiche Aufsätze von mir veröffentlicht worden, viele davon in Fachzeitschriften für polizeiliche Führungskräfte, und einen Großteil der Recherche für diese Arbeiten hatte ich in der Central Library ausgeführt. So musste ich meiner Frau nun nicht erklären, warum ich dort so viel Zeit verbrachte. Bisher hatte ich ihr nämlich noch nicht erzählt, womit ich mich seit Monaten beschäftigte; ihr Wissen beschränkt sich auf das, was ich ihr von meinem ersten Besuch bei Dr. Griffith berichtet hatte. Ich war mir sicher, dass sie keine Ahnung hatte, worüber ich zurzeit Nachforschungen anstellte, und bestimmt glaubte sie, ich hätte die Sitzung bei der Psychologin mittlerweile völlig vergessen. Im Laufe des letzten Jahres hatte ich ein paar Mal in Erwägung gezogen, Melanie einzuweihen, da ich ihren Rat sehr schätze. Doch nach kurzer Überlegung war ich jedes Mal zu dem Schluss gekommen, dass das bei jenem Stand der Ermittlungen keine gute Idee wäre. Meine Frau unterstützt mich zwar in der Regel, würde das in diesem Fall jedoch wahrscheinlich nicht tun. Ich befürchtete eher, sie würde annehmen, dass ich nicht mehr alle Tassen im Schrank habe, und so beschloss ich, ihr nichts zu sagen, bis ich in der einen oder anderen Hinsicht Gewissheit hatte.

Als ich am Schalter für die Fernleihe meinen Namen nannte und mein Anliegen vortrug, ließ mich die Mitarbeiterin eine Karte für den Mikrofilm ausfüllen und bat mich dann um meinen Bibliotheksausweis, der mir bei Rückgabe des Mikrofilms wieder ausgehändigt würde (eine Bedingung der Ausleihe war, den Mikrofilm nur in der Bibliothek zu benutzen). Dann überreichte sie mir eine etwa dreißig mal dreißig Zentimeter große Schachtel und beschrieb mir den Weg zum Mikrofilmraum.

Kurz darauf nahm ich vor einem Lesegerät Platz und öffnete die Schachtel, in der sich neun Mikrofilmrollen befanden. Ich wusste nicht, wie viel Text auf einer Rolle gespeichert war, doch nachdem ich die erste Rolle eingelegt und mir das Inhaltsverzeichnis angeschaut hatte, wurde mir ziemlich schnell und mit Nüchternheit klar, worauf ich mich da eingelassen hatte. Beckwith hatte von seinem neunzehnten Lebensjahr bis hin zu dem Tag vor seinem Tod im Alter von fünfundsechzig Jahren Tagebuch geführt.

Einige Stichproben von verschiedenen Filmrollen zeigten mir, dass Beckwith Tagebücher benutzt hatte, die pro Tag eine Seite vorsahen. Ich überschlug das kurz im Kopf – die Tagebücher plus eine Rolle mit Beckwith' Fotografien und der Autobiografie ergaben insgesamt gut 17 000 Mikrofilmseiten. Selbst wenn ich für jede Seite nur dreißig Sekunden benötigte, würde ich bei einer täglichen Arbeitszeit von drei Stunden (mehr würde ich nicht erübrigen können, schließlich hatte ich eine Familie und einen Vollzeitjob) mehrere Monate brauchen, um alle Filmrollen zu bearbeiten, von Notizen oder Kopien relevanter Seiten ganz zu schweigen.

Mit »Der Schmied« (National Museum of American Art, Smithsonian Institution, Geschenk von William T. Evans), oben, und »Die Schilfschnitterin« (Marty Scherer Fine Paintings), rechts,

hat Beckwith ausnahmsweise einfache Leute abgebildet. Seinen Lebensunterhalt verdiente er jedoch, indem er die Wohlhabenden malte, die bei ihm Porträts in Auftrag gaben.

Da ich die Mikrofilme aber nur zwei Wochen zur Verfügung hatte, musste ich mir nun überlegen, wie ich vorgehen wollte. Ich beschloss, die Autobiografie zu lesen und dann notfalls stichprobenartig von vier oder fünf Filmrollen jeweils ein Jahr herauszugreifen. Mir musste schließlich nur der Beweis gelingen, dass ein oder zwei Dinge, die ich unter Hypnose gesehen hatte, unmöglich stimmen konnten. Zum Beispiel hatte ich bei der Rückführung behauptet, ich hätte keine Kinder. Wenn sich nun herausstellte, dass Beckwith Kinder hatte, wäre das erledigt. Oder wenn er etwa Antialkoholiker war, würde das nicht dazu passen, dass ich ihn in dem Restaurant auf der Straße hatte Wein trinken sehen. Damit würde ich den Fall abschließen können und ihn in Zukunft nur noch als die erstaunlichste Verkettung von Zufallstreffern und zufälligen Übereinstimmungen betrachten, die einem überhaupt begegnen kann – die allerdings nicht unwahrscheinlicher war, als einen riesigen Jackpot zu knacken, und das passiert schließlich auch ständig. Wenn ich diese Beweise nur erbringen könnte, wäre es mir möglich, endlich wieder mein gutes altes, wohlgeordnetes Leben zu führen.

Kapitel 12

Als ich den Mikrofilm mit Beckwith' Autobiografie einlegte, begannen meine Finger vor Spannung zu kribbeln. Es war mir ja mithilfe der wenigen Informationen, die ich bisher über den Maler zusammengetragen hatte, bereits gelungen, erstaunlich viele meiner Hypnoseeindrücke zu bestätigen. Was ich nun vor mir hatte, würde jedoch alles als Zufall entlarven oder aber mein Weltbild für immer verändern. Ich holte tief Luft und stellte das erste Bild scharf, dann noch eins und noch eins.

Allmählich entstand ein Bild von Carroll Beckwith, das ich später mit weiteren Informationen aus verschiedenen Quellen ergänzen konnte, und so gelang mir schließlich eine recht genaue Darstellung der wichtigen Ereignisse im Leben des Künstlers. Sehen Sie selbst.

Am 23. September 1852 brachte Martha Melissa Beckwith im Dörfchen Hannibal, Missouri (wo Mark Twain seine Jugend verbrachte) einen acht Pfund schweren Jungen zur Welt. Der Vater des Neugeborenen, Charles Henry Beckwith, war an jenem Morgen auf der Jagd gewesen, zusammen mit einem Mr. Carroll, einem gebürtigen Iren, der gerade eine ausgedehnte Reise durch Amerika unternahm. Infolgedessen nannten die Beckwith' ihren neugeborenen Sohn James Carroll Beckwith. Es gibt keinen Hinweis darauf, warum sie als ersten Vornamen James wählten, und es heißt, dass James Carroll Beckwith diesen Namen überhaupt nicht mochte. Später unterschrieb er stets mit »J. Carroll Beckwith«, bis er das »J« schließlich ganz wegließ. Sowohl auf seinem Totenschein als auch auf seinem Grabstein steht schlicht »Carroll Beckwith«.

Carrolls Vater, ein Landvermesser, war nach Missouri gezogen. Er hatte gehört, dass die Gegend damals noch als Wildnis galt, und er war davon überzeugt, dass er es mit seinen Fähigkeiten und seiner Ausbildung zu etwas bringen konnte. Das war ihm logisch erschienen, da die Siedler in diesem bisher noch nicht kartierten Gebiet darauf angewiesen waren, dass das Land, auf das sie Besitzansprüche erhoben, vermessen wurde. Charles Beckwith strebte nach Wohlstand und so hatte er seine Anstellung als Lehrer aufgegeben und war mitsamt seiner Familie von Oxford, New York, nach Hannibal gezogen.

Doch die Familie Beckwith fand weder das erhoffte Glück noch den versprochenen Reichtum, denn die Fünfzigerjahre des neunzehnten Jahrhunderts waren in Missouri eine schwierige Zeit, durch die Sklaverei und die Ereignisse, die schließlich zum Bürgerkrieg führten, von zunehmenden Spannungen geprägt. Charles Beckwith selbst war gegen die Sklaverei und hatte daher keine eigenen Sklaven, was ihn jedoch nicht daran hinderte, sich von seinen Nachbarn welche auszuleihen. Carroll Beckwith berichtet in seiner Autobiografie, die er *Souvenirs and Reminiscences – A Book of Remembrance* betitelte, er habe in Missouri eine schwarze Kinderfrau gehabt.

Charles Beckwith dachte nicht daran aufzugeben. Da er immer noch glaubte, es zu Wohlstand bringen zu können, zog er mit seiner Familie weiter nach Chicago, Illinois, als Carroll noch ganz klein war. Weil Chicago in den Fünfzigerjahren des neunzehnten Jahrhunderts eine unkultivierte Stadt war, die noch in den Kinderschuhen steckte, waren die Lebensumstände der Familie dort zunächst nicht viel besser als in Missouri. Carroll berichtet von einer Anekdote, die seine Mutter ihm erzählt hatte: Neben einem Schlagloch auf der unbefestigten Straße hatten ein paar Arbeiter ein Schild aufgestellt, das die Vorübergehenden warnte, das Loch sei bodenlos.

Schließlich hatte Charles Beckwith in Chicago aber doch Erfolg; in der South Water Street und der Dearborn Street gründete er die C. H. Beckwith Wholesale Grocery, einen Lebensmittelgroßhandel. Obwohl die Familie nun immer wohlhabender wurde, sehnte sich seine Frau noch nach dem kultivierten Staat New York und daher verbrachten sie und die Kinder, also auch Carroll, die Sommer häufig auf dem Landsitz der Familie in Oxford. Charles Beckwith, dessen Lebensmittelgroßhandel wahrlich florierte, weigerte sich jedoch, dem Drängen seiner Frau nachzugeben und Chicago zu verlassen.

Als 1861 der Bürgerkrieg ausbrach, war Carroll erst neun Jahre alt – zu jung, als dass er hätte befürchten müssen, zum Militärdienst einberufen zu werden. Im ganzen Land machte sich jedoch das Gefühl breit, dass man vorbereitet sein müsse, und so schossen bald überall Militärschulen aus dem Boden. Diese Veränderungen wirkten sich auch auf die Beckwith' aus: Charles Beckwith, der großen Wert auf Disziplin legte und schon immer der Meinung gewesen war, seine Frau sei gegenüber den Kindern viel zu nachlässig, meldete Carroll und seine beiden Brüder Frank und Charley auf der Starr Military Academy in Yonkers, New York an.

Carroll blieb freilich nicht lange dort. Da er bald unter akutem Rheumatismus litt, einem Leiden, das ihn viele Jahre lang plagen sollte, waren seine Eltern gezwungen, ihn von der Schule zu nehmen und nach Hause zu holen, wo sie einen Privatlehrer für ihn engagierten. Charles war allerdings noch immer der Ansicht, dass der Junge militärischen Drill benötige, und so meldete er ihn in einer anderen Militärakademie an. Dort erlitt Carroll jedoch einen so heftigen Rückfall, dass seine Eltern den Jungen, der inzwischen auf den Rollstuhl angewiesen war, zu einer Badekur schickten in der Hoffnung, dies werde seine starken Schmerzen lindern.

Als Carroll sich so weit erholt hatte, dass er den Rollstuhl nicht mehr brauchte, meldete ihn sein Vater, der sich nicht so leicht von etwas abbringen ließ, in einer dritten Schule an, diesmal in Painsville, Ohio. Mittlerweile jedoch war der Junge sechzehn Jahre alt und da es ihm auf der strengen Schule nicht gefiel, beschloss er abzuhauen. Ohne jemandem ein Wort zu sagen, packte er eines Abends seinen Koffer, nahm den Bus Richtung Bahnhof und stieg in einen Zug nach Chicago. Als er in das Haus der Beckwith' in der Michigan Avenue

Nummer 140 spazierte, schaute ihn sein Vater, der gerade beim Frühstück saß, über die Zeitung hinweg an, sagte aber nichts.

Carroll blieb gesundheitlich angeschlagen; immer wieder litt er unter Rheumatismus, der im Jahre 1869 so schlimm wurde, dass seine Eltern ihn zur Erholung nach New Orleans schickten. Schließlich gab Carrolls Vater nicht nur den Wunsch auf, den Jungen auf eine Militärakademie zu schicken, sondern bestand auch nicht darauf, dass er im väterlichen Betrieb mitarbeitete wie seine beiden Brüder. Unterstützt von seiner Mutter überredete Carroll seinen Vater sogar dazu, ihm den Besuch der Chicago Academy of Design zu erlauben, wo er seinen ersten Kunstunterricht erhielt. Auch wenn der Vater widerstrebend seine Einwilligung gab, blieb er doch der Meinung – und äußerte diese auch regelmäßig –, dass er keinen besseren Weg zum Verhungern kenne, als Künstler zu sein. Folglich ließ er seinem Sohn bei seiner eingeschlagenen Laufbahn keinerlei Unterstützung zuteil werden. Die Mutter dagegen respektierte die Berufswahl ihres Sohnes durchaus und kaufte ihm zu Weihnachten seine erste Staffelei, Pinsel und Farben. Carroll ging bald ganz in seiner Kunst auf und träumte trotz des väterlichen Widerstands von einer professionellen Künstlerlaufbahn.

Die Kluft zwischen der von Carroll angestrebten Künstlerlaufbahn und den väterlichen Erwartungen klaffte weiter bis zum Abend des 9. Oktober 1871, einem Sonntag, an dem eine Katastrophe über Chicago hinwegfegte und sowohl Haus als auch Geschäftsräume der Beckwith' zerstörte. Während die Familie dadurch in ernsthafte finanzielle Bedrängnis geriet, bekam Carroll bei seinem Werdegang als Maler nun erst richtigen Auftrieb. Der Sommer des Jahres 1871 war außergewöhnlich heiß und trocken gewesen. Chicago mit seinen Straßen, die mit teergetränkten Balken befestigt waren, mit seinen Bürgersteigen aus Holzplanken und seinen zahlreichen Holzhäusern wurde zu einem Pulverfass, das nur auf den zündenden Funken wartete. Dieser wurde an jenem 9. Oktober entfacht und löste eine Feuersbrunst aus, die sich vom Westen der Stadt rasch ausbreitete und alles niederbrannte, was auf ihrem Weg lag. Am folgenden Tag um zehn Uhr morgens verschlangen die Flammen das Wohnhaus der Beckwith' in der Michigan Avenue. Zu diesem Zeitpunkt war die Firma des Vaters bereits bis auf die Grundmauern niedergebrannt; nichts war mehr davon übrig. Charles Beckwith war es gelungen, eine erhebliche Menge an Bargeld aus den Geschäftsräumen zu retten, bevor diese den Flammen zum Opfer fielen – unvorsichtigerweise bewahrte er das Geld jedoch zu Hause auf, sodass er es, als auch das Wohnhaus abbrannte, doch noch verlor.

Nach dieser verheerenden Brandkatastrophe, die der Familie weder Haus noch Firma ließ, gab Charles seinen Widerstand gegen die künstlerischen Ambitionen seines Sohnes auf. Er kümmerte sich darum, dass Carroll bei einem Onkel in New York City wohnen und dort Kunst studieren konnte. Der Onkel, John H. Sherwood, hatte es als Immobilienspekulant zu Reichtum gebracht und besaß eine Wohnung in der Fifth Avenue. Am 31. Oktober 1871 packte Carroll also seine Kleider zusammen und machte sich auf den Weg von Chicago nach New York City.

Sobald er in der Stadt war, schrieb Carroll sich an der National Academy of Design ein. Bereits im April 1872 litt er jedoch wieder unter so starkem Rheumatismus, dass sein Vater mit dem Zug nach New York kam und seinen Sohn ins neue Heim der Familie in Morgan, Illinois holte, wo der Vater inzwischen ebenfalls als Immobilienspekulant tätig war. Im November 1872 hatte Carroll sich so weit erholt, dass er sein Studium an der National Academy of Design wieder aufnehmen konnte.

Obwohl er im folgenden Jahr bei relativ guter Gesundheit blieb und in New York eine exzellente künstlerische Ausbildung erhielt, beschloss Carroll, in Frankreich zu studieren, um sich angemessen auf sein Künstlerleben vorzubereiten. Einige seiner früheren Klassenkameraden an der Kunstakademie waren bereits dort und hatten sich an verschiedenen Kunstschulen eingeschrieben. Carroll wusste zwar, wie bedrohlich die finanzielle Situation seiner Familie noch immer war, trotzdem jedoch gelang es ihm, den Vater dazu zu bringen, ihm das Studium in Frankreich zu ermöglichen.

Am 13. Oktober 1873 verließ Carroll New York in Richtung England. Er hatte sich wegen der preiswerten Überfahrt für die *SS Italy* entschieden, die eigentlich kaum mehr als ein Frachter war und siebzehn Tage brauchte, um Liverpool zu erreichen. Carroll verbrachte zunächst ein paar Wochen in England, fand das Klima dort jedoch grauenhaft und setzte daher am 18. November nach Calais über.

Als er endlich in Paris eintraf, suchte Carroll sofort Picots Restaurant auf, denn Kommilitonen hatten ihm geschrieben, dass die amerikanischen Kunststudenten sich dort zu treffen pflegten. Tatsächlich waren auch einige seiner ehemaligen New Yorker Studienkollegen dort. Sie freuten sich, Carroll zu sehen, sagte ihm aber auch, dass er zu einem ungünstigen Zeitpunkt komme: Die Lage in Paris habe sich verändert, sodass er große Schwierigkeiten haben dürfte, an irgendeiner guten Kunstschule angenommen zu werden.

Als Carroll dann die Kunstschulen abklapperte, stellte er tatsächlich fest, dass sie keine neuen Studenten mehr aufnahmen, unter anderem, weil sich so viele Franzosen eingeschrieben hatten. Wer eine Zusage von einer dieser Schulen hatte, konnte sich nämlich vom Militärdienst zurückstellen lassen. Schließlich erwähnte jedoch ein Freund von Carroll, der in jüngster Zeit bekannt gewordene Maler Carolus-Duran (sein eigentlicher Name war Charles Durand) habe eine eigene Kunstschule eröffnet. Carroll legte dort einige Arbeitsproben vor und wurde angenommen.

Zur gleichen Zeit meldete sich ein anderer junger amerikanischer Kunststudent an der Schule an, John Singer Sargent. Schon bald machten Carroll und Sargent so große Fortschritte, dass Carolus-Duran sie aufforderte, ihm bei einem Auftrag zu assistieren: Er sollte im Louvre eine große Deckenmalerei anbringen. In »Triumph der Maria de Medici« arbeiteten die drei auch ihre eigenen Gesichter ein.

Trotz seines Erfolges unter Carolus-Duran bewarb sich Carroll im Herbst 1874 um einen Studienplatz an der École des Beaux Arts, wurde allerdings abgelehnt. Im Frühjahr 1875 erhielten aber sowohl Carroll als auch Sargent eine Zusage. Die beiden Kommilitonen zogen in eine gemeinsame Wohnung unter der Adresse 73, Rue Notre-Dame des Champs. Sie sollten ein paar Jahre zusammenwohnen und ihr Leben lang Freunde bleiben, auch wenn Sargent mit seiner Malerei viel berühmter wurde als Carroll – und auch wesentlich mehr Geld damit verdiente.

Als ich aufs Geratewohl die Tagebücher durchsah, um festzustellen, wie umfangreich die Informationen auf den neun Rollen waren, stieß ich auf einen vom 16. Juni 1875 datierten Eintrag, der mir auffiel, weil er aus irgendeinem Grunde noch einmal abgetippt worden war. Dort ging es darum, dass Carroll im Sommer 1875 während der Ferien der École des Beaux Arts Italien und Deutschland bereist hatte, um sich mit der Kunst dieser beiden Länder zu befassen. Er berichtete, dass er in Venedig regelmäßig in ein Restaurant ging, wo er knusprig gebratene Eier und *Wein* zu sich nahm.

Nach seiner Ausbildung an den Pariser Kunstschulen reiste Carroll nochmals eine Zeit lang durch Europa, bis er 1878 nach Chicago zurückkehrte. Nach sieben Jahren in New York und verschiedenen europäischen Großstädten war ihm Chicago mit seiner Grenzstadtatmosphäre nun zu eng. Bereits 1879 zog er wieder nach New York, wo er gemeinsam mit dem Maler William Chase, der später beinahe ebenso berühmt werden sollte wie Sargent, den Bereich Malerei und Zeichnen der neu gegründeten Art Students' League einrichtete. Dort war Carroll achtzehn Jahre lang als Lehrer tätig. Die Art Students' League war eine von den Kunststudenten selbst verwaltete und finanzierte Vereinigung, die 1879 über dem Kaufhaus Hearn's in der 14th Street in New York eingerichtet wurde. Da es sich nicht um eine Stiftung handelte, waren die Studiengebühren dort höher als an den traditionellen Kunstschulen. Dennoch hatte die Art Students' League regen Zulauf von Studenten, die es reizte, dass sie dort größere Freiheiten genossen und zudem eine ausgezeichnete Ausbildung erhielten.

Eine Künstlerin, die in den Achtzigerjahren des neunzehnten Jahrhunderts Mitglied der Art Students' League war, schrieb über ihre Erfahrungen als Studentin einen Aufsatz, der im Januar 1987 in einer Ausgabe der Fachzeitschrift *Archives of American Art Journal* erschien (die Autorin selbst war vierzig Jahre zuvor gestorben). In diesem Aufsatz berichtet sie, dass sie selbst zwar keinen Unterricht bei Carroll Beckwith hatte, die anderen Studenten ihn jedoch für einen hervorragenden Lehrer hielten und er dort sehr beliebt war.

Zu Beginn seiner künstlerischen Laufbahn, im Jahre 1879, wurde unter allen New Yorker Malern Carroll Beckwith beträchtliche Aufmerksamkeit und Anerkennung zuteil. Sein Porträt von Mrs. R. H. McCready, das er im Alter von nur fünfundzwanzig Jahren gemalt hatte, wurde in einer Ausstellung gezeigt und von den Kritikern sehr gelobt. Das Gemälde wurde als »Dame in Rot« bekannt. Auch wenn er zeit seines Lebens weder den Ruhm eines John Singer Sargent genoss, noch für seine Gemälde entsprechende Preise verlangen konnte, war er doch ein anerkannter Maler, der unter anderem bei Ausstellungen in Paris, Atlanta und Charleston für seine Werke mit *Medaillen* ausgezeichnet wurde.

Am 1. Juni 1887 heiratete Carroll Beckwith *Bertha* Hall, die Tochter eines renommierten New Yorker Kaufmanns. Die beiden blieben bis zu Carrolls Tod im Jahre 1917 ein Ehepaar und lebten die meiste Zeit in New York City. Die Sommer verbrachten sie abwechselnd in *Europa* und in ihrem Sommerhaus im Dörfchen Onteora in den Catskill Mountains, wo Carroll auch ein Atelier hatte und Kunstunterricht erteilte. Die Ehe von Carroll und Bertha Beckwith blieb *kinderlos.*

1910 löste Carroll sein Atelier in New York City auf und verkündete, er wolle nach Italien übersiedeln. Er hoffte, dort billiger leben zu können, mehr Geld zu verdienen und vielleicht auch noch etwas anderes zu malen als Porträts, was er die meiste Zeit seit seiner Ankunft 1879 in New York getan hatte. In einer Kurzbiografie Beckwith' in der Kunstzeitschrift *American Art Analog* hieß es: »Höchstwahrscheinlich, so einer seiner Kollegen, wäre Beckwith' Talent bei Wandmalereien am besten zur Geltung gekommen, *doch da Porträts seinerzeit am besten bezahlt wurden, hat er eben Porträts gemalt.*« (Hervorhebung durch den Autor.)

In Italien war Beckwith als Künstler jedoch auch nicht erfolgreicher und da ihm außerdem das Wetter nicht behagte, kehrte er schließlich in die Vereinigten Staaten zurück. Im Oktober 1911 präsentierte das John Herron Art Institute in Indianapolis eine Werkausstellung, im April 1912 folgte eine weitere Ausstellung in Chicago.

Gegen fünf Uhr nachmittags am 24. Oktober 1917 brach Carroll Beckwith nach einem Spaziergang im Central Park im Foyer des Schuyler-Hotels in der West 45th Street zusammen. Bertha und er wohnten damals in dem Hotel und so wurde er sofort in seine Zimmer gebracht und der Arzt gerufen. Doch Beckwith starb kurz darauf. Im folgenden Frühjahr ließ

Bertha durch die American Art Galleries am Madison Square South 188 von Carrolls Gemälden versteigern. In einer Broschüre von dieser Auktion heißt es: »Mit seinen Gemälden von Versailles hat Mr. Beckwith uns die französische Kunst nahe gebracht. *Seine Darstellungen jener Gärten* und ihrer raffinierten Details verdienen unsere höchste Bewunderung (Hervorhebung durch den Autor). Hier beweist er, dass er über ein breites Repertoire an Ausdrucksweisen verfügt, das all jene überraschen dürfte, die in ihm nur einen Porträtmaler sehen.«

Wenn diese Biografie von Carroll Beckwith für die ersten 21 Jahre seines Lebens wesentlich genauer zu sein scheint als für die restlichen 44 Jahre, so liegt das daran, dass er in seiner Autobiografie nur bis zum 21. Lebensjahr gekommen ist. Beckwith hatte erst im letzten Jahr seines Lebens zu schreiben begonnen, im Frühjahr 1917, als er und Bertha im kalifornischen Santa Barbara wohnten, und so umfasst seine Autobiografie nur 23 Schreibmaschinenseiten. Seine weitere Lebensgeschichte habe ich verschiedenen unbedeutenderen Kunst-Nachschlagewerken entnommen, die ich in denselben Buchhandlungen entdeckte, die ich bereits auf der Jagd nach den beiden Gemälden immer wieder aufgesucht hatte. Doch wenn Beckwith darin überhaupt erwähnt wird, was nur selten der Fall ist, so meist nicht mehr als mit ein, zwei Absätzen.

Auch diese spärlichen Informationen musste ich jedoch auf ihre Genauigkeit hin überprüfen, da sie sich zum Teil widersprachen. So heißt es beispielsweise in *Who Was Who in American Art,* einer Sammlung von

Künstlerbiografien, Carroll Beckwith habe Selbstmord begangen, während er doch in Wirklichkeit einem Herzanfall erlag. Im Rahmen meiner Recherchen beschaffte ich mir über die New Yorker Archive auch eine Kopie seines Totenscheins, der als Todesursache chronische Endokarditis angibt, also eine Entzündung der Herzklappen, die in der Regel zum Tod führt. Um sicherzugehen, dass die Behauptung vom Selbstmord falsch war, rief ich Dr. Jeffrey Burkes an, einen ärztlichen Leichenbeschauer in New York, und bat ihn, in den Akten von 1917 nachzuschlagen, woran Carroll Beckwith gestorben war. Einen Tag später rief Dr. Burkes mich zurück, um mir mitzuteilen, dass Carroll Beckwith zweifellos einem Herzanfall erlegen war.

Natürlich war es nach meiner Lektüre von Beckwith' Autobiografie und den anderen Quellen nicht besonders schwierig, die Richtigkeit bestimmter Fakten zu überprüfen. Das mit Abstand größte Problem war, dass ich selbst in dem kurzen Text bereits die Bestätigung von fünf weiteren Dingen erhalten hatte, die ich unter Hypnose gesehen hatte. Bei jeder dieser Bestätigungen hatte ich das Gefühl, mein Magen krampfe sich noch ein wenig mehr zusammen, bis er schließlich nicht mehr größer schien als eine Walnuss. Ebenso bedeutend oder vielleicht sogar noch bedeutender war, dass ich auf absolut nichts stieß, was meine Hypnoseerfahrung widerlegte.

Ich holte die Liste der Fragen hervor, die ich mithilfe der Autobiografie Beckwith' und der anderen Quellen beantworten wollte. Schon jetzt konnte ich Frage 19 abhaken: Bei der Rückführung hatte ich Dr. Griffith gesagt, meine Frau und ich hätten keine Kinder. Nun wusste ich mit Sicherheit, dass die Beckwith' kinderlos geblieben waren.

Auch Frage 23 war bereits beantwortet. Beckwith hatte die Gärten von Versailles gemalt und es war gut möglich, dass dies der große Garten war, den ich unter Hypnose gesehen hatte.

Die Antwort auf Frage 16 war kein solcher Treffer. Es hatte sich gezeigt, dass Beckwith' Frau nicht Amanda hieß, und genau das hatte ich ja auch gespürt, auch wenn ich unter Hypnose diesen Namen angegeben hatte. Frappierend hätte ich es gefunden, wenn ihr tatsächlicher Name Mandy, Belinda oder Cassandra gewesen wäre, also ein Name, der ähnlich, wenn auch nicht genauso klingt wie Amanda. Andererseits hatte »Bertha« immerhin größere Ähnlichkeit mit Amanda als Joyce, Mary, Helen oder irgendeiner von hunderten anderer weiblicher Vornamen. Am Rande fiel mir noch etwas auf, dessen Bedeutung mir nicht klar ist, falls sie überhaupt wichtig ist: Bei meiner Rückführung hatte ich Amanda bzw. Bertha in einem roten Kleid gesehen und der Titel von Beckwith' erstem Gemälde, das von den Kritikern gelobt wurde, war »Dame in Rot«. (Wie bereits erwähnt zeigt das Bild jedoch nicht seine Frau.)

Beim ersten flüchtigen Durchsehen von Beckwith' Tagebüchern hatte sich ein weiterer Punkt bestätigt, nämlich Frage 13. Carroll Beckwith trank Wein, wie ich es ihn unter Hypnose in dem Straßencafé hatte tun sehen.

Schließlich fand ich auch heraus, dass Carroll und Bertha im Sommer häufig nach Europa gereist waren. Bei meiner Rückführung hatte ich sie gemeinsam in Frankreich gesehen. Dafür fand ich jedoch nur eine halbe Bestätigung, denn ich war zwar davon überzeugt, dass sie auf ihren Europareisen oft nach Frankreich gefahren waren, da Carroll schließlich fünf Jahre dort gelebt und studiert hatte, doch wurde dies nirgendwo ausdrücklich erwähnt. Ich fand auch keinen Hinweis darauf, wann Beckwith die Gärten von Versailles gemalt hatte, wusste also nicht, ob entsprechende Bilder vor oder nach seiner Heirat entstanden waren.

Abgesehen von diesen neuen Bestätigungen fand ich in einigen Kurzbiografien in den Buchhandlungen weitere Belege für Verschiedenes, was ich bereits verifiziert hatte, zum Beispiel für die Tatsache, dass Beckwith nur deshalb Porträts malte, weil sie am besten bezahlt wurden und er das Geld brauchte. Es wurde ebenfalls erwähnt, dass Beckwith mit seiner Malerei zwar finanziell nie erfolgreich war, aber einige angesehene Auszeichnungen erhielt – das passte gut zu der Szene, in der ich mich gesehen hatte und in der alle Anwesenden mir zu einem Erfolg gratulierten.

Als ich die Autobiografie und die anderen Quellen durchgearbeitet hatte, fragte ich mich, was ich nun tun sollte. Ich kannte die Antwort, bevor ich die Frage zu Ende formuliert hatte. Mir blieb keine andere Wahl. Ich musste die gesammelten Tagebücher von Carroll Beckwith lesen und auswerten, alle neun Mikrofilme. Mir war klar, dass ich das Ganze endgültig nicht mehr als Verkettung erstaunlicher Übereinstimmungen, als Häufung von Zufallstreffern abtun und auch mit meinem bisherigen Weltbild nicht mehr erklären konnte. Zu viele meiner Hypnoseerfahrungen hatten sich bestätigt. Nun fühlte ich mich wie jemand, der sein ganzes Leben in völliger Dunkelheit verbracht hat und plötzlich zum ersten Mal die Sonne aufgehen sieht – ich ahnte, dass ich wohl auf eine Art universeller Wahrheit gestoßen war.

Trotzdem war ich in keiner solchen Hochstimmung, wie ich hätte sein sollen; vielmehr fühlte ich mich ähnlich wie in den Wochen nach dem überraschenden Tod meiner ersten Frau. Ich hatte das Gefühl, in einer Welt zu leben, die es so eigentlich gar nicht geben sollte. Etwas war geschehen, das meiner Lebenserfahrung zufolge überhaupt nicht sein konnte – und doch hatte ich es erlebt. Mir war, als ob die Verbindung zwischen mir und der Welt abgerissen wäre und ich plötzlich so dahintrieb, ja, als ob ich in einer Welt herumstolperte, in der die üblichen Gesetzmäßigkeiten außer Kraft gesetzt waren, in einer Welt, in der ich lernen musste, unter völlig neuen Regeln zu leben.

Es war außerdem so einfach gewesen, mit dem Wenigen, was ich bisher gelesen hatte, so viel zu bestätigen, dass ich beinahe Angst vor dem hatte, was mir die Lektüre der tausenden von Seiten von Beckwith' Tagebuch noch bringen würde. Ich vermutete stark, dass ich den einen Widerspruch, den ich mir erhofft hatte, nicht mehr finden würde, den Widerspruch, der beweisen würde, dass das, was ich unter Hypnose gesehen hatte, nicht wirklich passiert sein konnte. Wenn es ihn gäbe, hätte ich ihn schon längst entdeckt. Und doch standen auf meiner Liste noch immer über ein Dutzend Punkte, die ich versuchen musste zu bestätigen, bevor ich irgendjemanden von meinen Ergebnissen überzeugen konnte. Und den meisten Leuten würde ein Versuch nicht einmal genügen – ich würde für jeden Punkt eine eindeutige Bestätigung benötigen.

Noch bevor ich mich Beckwith' erstem Tagebucheintrag vom 10. September 1871 widmete, tauchte eine weitere Sorge auf. Die Lektüre der vielen, vielen Tagebuchseiten würde enorm zeitraubend sein, was bedeutete, dass ich furchtbar viel Zeit in der Bibliothek verbringen würde. Ich hatte bereits herausgefunden, dass ich die Leihfrist für die Mikrofilme verlängern konnte und sie auch nach Rückgabe beliebig oft wieder ausleihen konnte. Doch Melanie würde irgendwann wissen wollen, worüber ich in der Bibliothek so eifrige Nachforschungen anstellte und warum ich nach so ausgiebiger Recherche noch keinen Aufsatz zustande gebracht hatte. Nun hat mich meine Frau bisher stets liebevoll unterstützt, doch in diesem Fall war ich mir nicht sicher, ob sie anders reagieren würde. Trotzdem hatte ich das Gefühl, es wäre an der Zeit, sie einzuweihen.

Kapitel 13

»Hast du sie denn nicht mehr alle? Hast du den Verstand verloren?«

Das war nicht gerade die Reaktion, die ich von Melanie erwartet hatte, und einen Moment lang wusste ich gar nicht, was ich darauf sagen sollte. Vielleicht hatte ich das Ganze nicht richtig erklärt.

Als ich überlegte, wie ich ihr auf andere Weise von meinen Ergebnissen berichten konnte, schaute Melanie mich mit einer Miene an, aus der die Hoffnung zu sprechen schien, ich habe nur einen etwas lahmen Witz zu machen versucht. »Also, Bob, das kann ja wohl nicht sein. Sag, dass das nicht dein Ernst ist.«

Ich hob die Hand, um sie zu bremsen. »Jetzt warte doch mal. Du hast ja noch gar keinen Beweis gesehen. Ich weiß, das klingt alles ein bisschen verrückt, aber ich habe einfach keine andere Erklärung dafür.«

Melanie starrte mich an. Sie schien sich zu fragen, ob ich vielleicht eine Art Schlaganfall erlitten hätte. Mir wurde klar, dass ich sie mit Worten allein nicht würde überzeugen können. »Pass auf«, sagte ich daher. »Du hörst dir die Kassette an und siehst dir meine Beweise an. Wenn du dann immer noch denkst, dass ich mich irre, gib mir eine andere Erklärung. Wenn du eine findest, die sämtliche Fakten einschließt, werde ich zugeben, dass ich ein Idiot bin, und nicht mehr davon sprechen.«

Melanie begriff, dass ich es ernst meinte, und begann, darüber nachzudenken. Ich konnte sehen, dass meine Worte mit ihren Überzeugungen ganz und gar nicht in Einklang zu bringen waren. Sie ist nie tief religiös gewesen – sie wollte mit so einem Quatsch nichts zu tun haben. Ich ließ jedoch nicht locker. Auch wenn sie sich zunächst weigerte und beharrlich wiederholte, ich sei nicht ganz dicht, willigte sie schließlich ein, meine Kassette anzuhören und die Beweise zu überprüfen. Als sie fertig war, wartete ich auf ihren Kommentar. Doch ausnahmsweise hatte sie nicht gleich einen parat, sondern schien sich mit der Antwort schwer zu tun.

»Jetzt sag schon«, drängte ich, »wenn du mich für übergeschnappt hältst, wie erklärst du dir dann das Ganze?«

»Ich halte dich nicht für übergeschnappt«, antwortete sie. »Du hast dich einfach nur geirrt. Wahrscheinlich hast du das alles in irgendeinem Buch gelesen oder in einem Film gesehen oder so was.« Sie zuckte die Achseln. »Das ist alles. Das ist überhaupt nichts Besonderes. Du hast einfach nur vergessen, woher du das alles hast.«

»Nein, das kann nicht sein«, widersprach ich. »Es gibt keine Bücher über Beckwith und erst recht keine Filme. Bestimmt nicht. Verstehst du denn nicht? Niemand hat sich für sein Leben interessiert. Warum auch? Er war ja kein van Gogh oder Rembrandt, sondern nur ein ganz normaler Mensch, der in seinem Leben nichts wirklich Bedeutendes geleistet hat.«

»Dann ist das alles nur Zufall, weiter nichts. Nur zufällige Übereinstimmungen.«

»Fünfzehn Zufälle? Wann hast du zum letzten Mal einen Fall gehabt, in dem auch nur zwei zufällige Übereinstimmungen vorgekommen sind, geschweige denn fünfzehn? Komm, du bist doch jetzt auch schon seit Jahren Polizistin. Wann ist dir so etwas je begegnet?«

Nach kurzem Überlegen schüttelte Melanie den Kopf. »Es muss aber eine andere Erklärung geben, Bob. Du redest völligen Blödsinn. Ich wette mit dir, dass es irgendwo was über diesen Typen, diesen Beckwith gibt. Du hast nur vergessen, dass du es schon einmal gesehen hast.«

Als ich weiterhin darauf bestand, dass es über Beckwith kaum Informationen gab, an die man ohne weiteres herankam, sagte Melanie, sie wolle nicht mehr darüber reden, bis sie nicht selbst ein wenig nachgeforscht hätte. Sie war überzeugt, herauszufinden, woher mein Wissen über Beckwith stammte. Darüber war ich ganz froh, denn ich habe ihre detektivischen Fähigkeiten stets geschätzt, und eine zweite, unabhängige Untersuchung wäre gut, um meine eigene Arbeit nochmals zu überprüfen.

Obwohl Melanie in den folgenden beiden Wochen ihr gesamtes detektivisches Können einsetzte und sehr gründlich suchte, kam sie genau wie ich schließlich zu dem Ergebnis, dass alles, was über Beckwith herauszubekommen war, bestenfalls dürftig genannt werden konnte. Sie fand nicht mehr heraus als das, was auch ich bereits in Erfahrung gebracht hatte.

Sie konnte also absolut nicht erklären, woher ich mein Wissen hatte, weigerte sich aber immer noch zu akzeptieren, dass ich mich an ein früheres Leben und nicht einfach an etwas Vergessenes aus diesem Leben erinnert hatte. Und sie wollte einfach nicht mehr über das Thema sprechen, ließ sich auf kein Gespräch mehr ein, obwohl ich immer wieder davon anfing. Die Aufklärung des Falles ließ mich einfach nicht los. Schließlich schlug ich Melanie vor, selbst einmal zu Dr. Griffith zu fahren und eine Rückführung mitzumachen. Wenn sie ähnliche Erfahrungen machte, würde sie mich bestimmt viel besser verstehen. Zuerst wollte sie davon überhaupt nichts wissen – sie schien Angst zu haben, danach genauso durchgeknallt zu sein, wie ich es ihrer Meinung nach war. Ich ließ jedoch nicht locker und schließlich gab Melanie nach, wahrscheinlich eher, damit ich endlich Ruhe gab, als um wirklich etwas zu beweisen. Vermutlich war sie, genau wie ich damals vor der Hypnose, davon überzeugt, dass überhaupt nichts passieren würde.

An den Tagen nach ihrer Sitzung bei Dr. Griffith schienen Melanie ihre Erlebnisse großes Unbehagen zu bereiten. Schließlich erfuhr ich, dass sie sich selbst als Mutter auf der Suche nach ihrem vermissten Sohn gesehen hatte, der im Bürgerkrieg im Dienste der Konföderierten Staaten gekämpft hatte, außerdem als Ehefrau eines Arztes im Grenzgebiet und als irische Bäuerin. Im Unterschied zu meiner Rückführung konnte sie jedoch an keiner Szene, die sie unter Hypnose gesehen hatte, ansetzen, um irgendetwas zu beweisen oder zu widerlegen. So überzeugte sie sich davon, das Ganze sei nur ihrer Fantasie entsprungen, gab allerdings zu, für meine Entdeckungen keine Erklärung zu haben. Trotz dieses Zugeständnisses merkte ich jedoch, dass es sie äußerst unangenehm berührte, wenn ich über Beckwith sprach, so, als ob ich ihr von einer heimlichen perversen Neigung erzählte.

»Also gut«, unterbrach sie mich eines Tages beim Abendessen, als ich wieder einmal das Thema angeschnitten hatte, »angenommen, du hast tatsächlich Recht mit diesem ganzen Zeug über frühere Leben. Ich sage nicht, dass du Recht hast, aber nehmen wir es einfach mal an. Was dann? Was bringt es, wenn du das alles weißt? Was macht es denn für einen Unterschied?«

»Es macht einen gewaltigen Unterschied«, gab ich zurück, doch wurde mir fast im selben Moment klar, dass ich vor lauter Bemühen, die Wahrheit über meine Rückführungserinnerungen herauszufinden, gar nicht darüber nachgedacht hatte, wofür das Ganze eigentlich gut war. »So etwas hat noch nie jemand getan«, ergänzte ich schließlich, um meinen Ermittlungen irgendeinen Sinn zu geben. »Soweit ich weiß, hat bisher noch niemand den Beweis für Erinnerungen an ein früheres Leben erbracht. Aber ich habe, verdammt noch mal, mehr Beweise, als es in den meisten Mordfällen gibt.«

»Also gut, du hast Beweise. Nehmen wir an, du hast tonnenweise Beweismaterial. Na und? Was willst du damit anfangen?«

Wieder sprach sie einen Aspekt an, über den ich noch nicht viel nachgedacht hatte, und so dauerte es eine Weile, bis ich antwortete. »Um ehrlich zu sein, weiß ich das jetzt noch nicht.«

Über den Tisch hinweg sah Melanie mich unverwandt an. »Schau mal, Bob, du bist Police Captain, nicht irgendein New-Age-Spinner. Wir sollten niemandem etwas davon erzählen, okay? Das alles bleibt unter uns. Ein Police Captain glaubt einfach nicht an so was, und selbst wenn, dann spricht er nicht darüber. Ich sage nicht, dass du dich irrst. Ich weiß es nicht, vielleicht hast du ja Recht. Vielleicht hast du wirklich etwas ganz Ungewöhnliches entdeckt. Gut, das kann ja sein, aber wenn du anfängst, darüber zu reden, denken die Leute, du hättest nicht mehr alle Tassen im Schrank.«

Ich war seit über 25 Jahren bei der Polizei und wusste, wie konservativ es dort zugeht; daher stimmte ich ihr schließlich zu und wir ließen das Thema fallen. Ja, Melanie hatte Recht. Von Police Captains erwartet man absolute Zuverlässigkeit, schließlich sind sie das Rückgrat der Leitung eines jeden Polizeireviers. Mit früheren Leben und dergleichen haben sie nichts zu tun und ganz bestimmt sprechen sie nicht davon. Am nächsten Tag schickte ich die Mikrofilme, die ich einmal verlängert und ein zweites Mal neu ausgeliehen hatte, an die Archives of American Art zurück.

Nur etwa eine Woche nach dieser Diskussion zwischen Melanie und mir sprach ich mit einem Kollegen, der als einer der Ersten am Tatort des Mordes an einem Polizisten aus Indianapolis gewesen war. Wenn ich die Beckwith-Geschichte endgültig ruhen ließ, musste ich mein gewohntes Leben wieder aufnehmen, so viel war mir klar, und ich hatte beschlossen, den Fall des ermordeten Polizisten in einem der Aufsätze aufzugreifen, die ich regelmäßig für verschiedene Fachzeitschriften verfasste. Ich fragte meinen Kollegen, was am Tatort geschehen sei.

»Ich war als einer der ersten Polizisten dort. Du weißt ja, wie so was ist. Es war ein ziemliches Durcheinander. Na ja, auf jeden Fall bin ich zu dem Polizisten gerannt, der auf dem Boden lag, und habe gesehen, dass seine Haut schon grau wurde und seine offenen Augen ganz glasig waren. Als ich mich neben ihn gehockt habe, war mir klar, dass er bereits tot war, dass ich aber trotzdem versuchen musste, ihn wiederzubeleben. Aber als ich mit der Herz-Lungen-Wiederbelebung angefangen habe, ist mir aufgefallen, dass die Kugel seinen Schlips in zwei Teile zerrissen hatte, und da habe ich auf einmal kapiert, dass der Mörder ja noch irgendwo in der Nähe war und mich ebenfalls töten konnte. Und dann ist es passiert. Auf einmal war ich drei, vier Meter über dem Boden und habe auf die Ereignisse da unten runtergeschaut. Ich habe mich selbst von oben sehen können, mit der Wiederbelebung beschäftigt. Am erstaunlichsten war aber die absolute Stille. Ich konnte weder mein Funkgerät hören noch die anderen Polizisten; ich habe einfach so in der Stille geschwebt und zugeschaut. Nach ungefähr dreißig Sekunden kam ein Kollege zum Tatort gerannt und ich war plötzlich wieder in meinem Körper. Der Kollege berichtete, dass die Sanitäter nicht bis zu uns kommen wollten, weil der Mörder noch in der Nähe war. Deshalb haben wir den Polizisten zum Krankenwagen getragen.«

Ich fand diese Geschichte höchst bestürzend und verblüffend. Der Captain erzählte mir das alles ganz nüchtern, ohne eine Spur von Verlegenheit und offenbar auch ohne jeden Zweifel daran, dass ich ihm glauben würde. Es spiele keine Rolle, ob sich das seltsam anhöre, sagte er noch, auf jeden Fall sei genau das passiert.

Nicht lange danach saß ich mit einigen Kollegen im Bundesgerichtshof von Indianapolis und wartete darauf, mit meiner Zeugenaussage in einem Kriminalfall an der Reihe zu sein. Wie es oft so geht, wenn ein paar Polizisten zusammenhocken, machten die Erlebnisberichte bald die Runde. Ein Police Captain, der ebenfalls als Zeuge vorgeladen worden war, erzählte, wie er als junger Polizist bei einem Überfall auf einen Supermarkt in eine Schießerei mit den Tätern geraten sei. Ich traute meinen Ohren kaum, als ich ihn sagen hörte, er sei während der Schießerei über seinem eigenem Körper geschwebt.

»Mein Kollege und ich standen in dem Drugstore neben dem Supermarkt«, berichtete der Captain, »als auf einmal so ein Typ hereingestürmt kam und geschrien hat, ein paar maskierte Männer überfielen gerade den Laden nebenan. Ich bin sofort rübergerannt und als ich durch die automatische Tür kam, habe ich gesehen, wie einer der Täter dem Leiter des Supermarktes eine Pistole an den Kopf hielt. Auf einmal schrie von hinten im Laden ein anderer Täter: ›He, das ist ein Bulle! Knall ihn ab!‹ Dann war die Hölle los. Die fingen an zu schießen und ich habe auch geschossen, während ich rückwärts aus der Tür ging, so schnell ich konnte. Die Kugeln flogen nur so. Und dann hatte ich auf einmal das Gefühl, ich hätte meinen Körper verlassen und würde über dem Parkplatz vor dem Supermarkt schweben; ich konnte runterschauen und mich selbst und meinen Kollegen auf die Täter schießen sehen. Das war vielleicht ein komisches Gefühl. Ich habe gedacht, vielleicht bin ich tot und meine Seele will noch mal sehen, wie das passiert ist.«

Auch diesem Captain schien es überhaupt nicht peinlich zu sein, von seinem Erlebnis zu erzählen. Als ich ihn darauf ansprach, zuckte er nur die Achseln. »Na ja, es ist doch schließlich so gewesen.«

Nach diesem zweiten Bericht einer außerkörperlichen Erfahrung fragte ich mich, warum ich solche Geschichten nicht schon früher gehört hatte, sagte mir aber dann, dass ich sie wahrscheinlich doch gehört, sie aber nicht weiter beachtet oder nicht geglaubt hatte, da ich selbst noch keine solchen Erfahrungen gemacht hatte. Nachdem diese beiden Police Captains anscheinend so ohne Furcht vor negativen Reaktionen ihrer Kollegen von ihren Erlebnissen berichtet hatten, begann ich, behutsam und diskret Erkundigungen über die übersinnlichen Erfahrungen anderer Polizisten meines Reviers einzuholen. Zu meinem Entsetzen waren es eine ganze Menge. Ein Police Sergeant erzählte mir zum Beispiel von einem Haus, in dem sich Gegenstände von selbst bewegten.

»Über Funk wurde gemeldet, auf das Haus werde gerade ein Raubüberfall verübt, und weil ich in der Nähe war, habe ich gesagt, ich übernehme das. Als ich mit einem Kollegen vor dem Haus anhielt, kam gerade eine Frau herausgestürzt und der Deckel von einem Eiskühler flog direkt hinterher. Natürlich haben wir dann gedacht, es handele sich mal wieder um einen Ehekrach, aber als wir sie gefragt haben, was los sei, hat sie geantwortet: ›Das Haus zerreißt sich selbst!‹

Damit konnten wir nun überhaupt nichts anfangen, aber als wir reingegangen sind, haben wir gesehen, dass das Haus total verwüstet war. Ein paar Leute saßen mit einem Kruzifix und einer Flasche Weihwasser um den

Küchentisch herum und sagten, das Haus sei verrückt geworden.

Und dann kam auf einmal eine Vase auf uns zugeflogen, die auf einem Tisch auf der anderen Seite des Zimmers gestanden hatte, und klirrte gegen die Wand. Junge, waren wir beide schnell unten am Boden! Im nächsten Moment fiel ein Gettoblaster vom Regal und krachte auf den Boden, dann flogen Tassen und Untertassen vom Tisch. Überall flogen Sachen herum. Aber die Sachen bewegten sich nicht nur von selbst, sondern im Kühlschrank explodierten auch Eier und Glühbirnen zersprangen ganz plötzlich.

Ehrlich gesagt wussten wir gar nicht, was wir machen sollten. Also haben wir den Kaplan angerufen und er ist mit einem weiteren Geistlichen zu uns herausgekommen und hat gesehen, was los war. Die beiden haben dann versucht, auf dem Haus zu beten, aber das schien nichts zu nützen. Sie haben schließlich einen katholischen Priester geholt, der Spezialist für Teufelsaustreibungen war, und dann hat sich das Haus endlich beruhigt.

Aber bevor der ganze Krempel in dem Haus endlich aufgehört hat, durch die Gegend zu fliegen, haben sieben Polizisten gesehen, was da passierte. Die Familie hat uns nur darum gebeten, der Presse und den Sendern nichts von der Sache zu erzählen, weil sie wussten, dass sonst alle möglichen komischen Typen bei ihnen aufkreuzen würden. Na ja, und als wir uns das überlegt und darüber gesprochen haben, waren wir uns alle einig, dass es wohl am besten war, den Mund zu halten, da wir sonst alle für übergeschnappt erklärt würden.«

Der Sergeant sagte mir noch, dass sich später einige sensationslüsterne Talk-Shows bei ihm gemeldet hätten, er jedoch sein Versprechen gehalten und öffentlich nie von der Sache gesprochen habe.

Als ich all diese Polizisten so ohne Zögern und ohne Angst, für verrückt gehalten zu werden, von ihren Erlebnissen erzählen hörte, begann ich allmählich zu glauben, dass mein Schweigen völlig unnötig war. Außerdem kam mir der Gedanke, dass ich, wenn ich mich nicht scheute, von meinen Entdeckungen zu sprechen, wahrscheinlich Stoff für ein interessantes Buch hätte.

Allerdings war mir auch klar, dass im Unterschied zu einem Gespräch unter Kollegen die Leser eines Buches sich mit der bloßen Versicherung, all meine Nachforschungen und Ergebnisse seien wahr, nicht begnügen würden. Sie würden hieb- und stichfeste Beweise verlangen. Dazu musste ich alle 28 Fragen, die ich mir hinsichtlich meiner Rückführung gestellt hatte, annähernd beantworten. Ich brauchte Belege dafür, dass das, was ich unter Hypnose gesehen hatte, der Wahrheit entsprach. Das bedeutete aber zweifellos, dass ich Beckwith' Tagebücher von vorn bis hinten durchlesen musste, jede Seite.

Kapitel 14

Nachdem ich erfahren hatte, dass viele meiner Kollegen ebenfalls schon Übernatürliches erlebt hatten, beschloss ich also, dieses Buch zu schreiben, und forderte die Mikrofilmrollen erneut an. Als ich aber vor dem Lesegerät saß und die vielen tausend Seiten vor mir sah, wurde mir erst wieder bewusst, dass ich Carroll Beckwith' Tagebücher auf gar keinen Fall innerhalb der kurzen Leihfrist durcharbeiten konnte. Selbst wenn ich ständig neue Anträge auf Ausleihe stellte, würde ich doch jedes Mal nach der Rückgabe ein paar Wochen warten müssen, bis ich die Filmrollen erneut bekam. Falls jemand anders die Mikrofilme für Recherchen über John Sargent, William Chase oder sonst jemanden aus Beckwith' Bekanntenkreis benötigte, konnte die Wartezeit sich sogar verlängern. Das bedeutete, dass ich insgesamt für die vollständige Lektüre von Beckwith' Tagebuch bis zu einem Jahr brauchen würde.

Darum entschloss ich mich, von den Mikrofilmen Papierkopien anfertigen zu lassen, die ich dann zu Hause lesen konnte, wann es mir gerade passte. Was dabei herauskam, war jedoch ziemlich entmutigend. Die gesamten Tagebücher vom 10. September 1871 bis zu

Beckwith' Todestag am 24. Oktober 1917 umfassten, auch wenn einige Bände fehlten und andere kürzer waren, insgesamt mehr als 15 000 Seiten und füllten zwei große Kisten.

Schlimmer noch, ich musste feststellen, dass die Lektüre sich als schwieriger erwies, als ich gedacht hatte. Oft war es furchtbar anstrengend, weil Beckwith in einigen Jahren mit einem sehr hellen Stift und häufig auch sehr unleserlich geschrieben hatte. An einer Stelle bemerkt er, dass er bei dem Versuch, ein paar Jahre ältere Tagebucheinträge nochmals zu lesen, seine eigene Schrift häufig nicht mehr entziffern könne. Mir ging es ähnlich.

Im Rahmen meiner Recherche suchte ich auch erneut das Indianapolis Museum of Art auf, um mir das Gemälde von Beckwith anzuschauen, das dort im Lager aufbewahrt wurde. Kurz darauf rief mich eines Morgens eine Assistentin der Museumsleitung an, die offenbar gehört hatte, dass ich Nachforschungen über Beckwith anstellte, und bat mich um Hilfe. Sie berichtete, man habe einmal Beckwith' Porträt von William M. Chase aus dem Rahmen genommen, um es zu reinigen, und dabei festgestellt, dass die Leinwand auf eine kleinere Größe zugeschnitten und danach erneut von Beckwith signiert worden sei. Falls ich im Rahmen meiner Recherche auf einen Hinweis darauf stoßen sollte, warum er das getan hatte, möge ich sie doch bitte anrufen. In der Annahme, dass sie davon nichts wüsste, erzählte ich ihr von den Tagebüchern und sagte, darin könnte vielleicht etwas zu ihrer Frage stehen.

»O ja, ich weiß von den Tagebüchern«, erwiderte die Dame. »Ich habe einmal versucht, sie zu lesen, aber immer fürchterliche Kopfschmerzen davon bekommen.«

Das ging mir oft ebenso, vor allem wenn ich einen Eintrag beim Versuch, ihn zu entziffern, ein Dutzend Mal oder öfter lesen musste, weil der Maler wieder den hellen Stift benutzt oder fürchterlich gekritzelt hatte. Außerdem war die Lektüre oft frustrierend, weil in einem Tagebuch nie etwas umfassend dargestellt wird – meist werden die Ereignisse eines Tages in wenigen Sätzen abgehandelt. Vieles wird auch ausgelassen, weil der Verfasser nur eine kleine Notiz benötigt, um sich vollständig an eine Sache zu erinnern. So hatte auch Beckwith oft über etwas Wichtiges nur einen einzigen Satz geschrieben. Es war zum Verrücktwerden. Oder aber er deutete etwas an, das offenbar bedeutungsvoll war, ging aber nicht näher darauf ein. Darüber hinaus erwähnte er häufig Leute, von denen ich noch nie gehört hatte, selbstverständlich ohne Erläuterung, wer sie waren, oder er schrieb eine kurze verschlüsselte Bemerkung nieder, die außer ihm wohl niemand verstand.

Trotz dieser Schwierigkeiten war mir klar, dass das Tagebuch eine wahre Goldmine an Informationen sein konnte, denn ein Tagebuch zu lesen, das ist, als ob man mit einer versteckten Kamera die privatesten Momente eines Menschenlebens beobachtet. Man sieht die täglichen Dramen, Erfolge und Misserfolge, Rendezvous und Frustrationen. Wenn ich das alles las, standen die Chancen sehr gut, die meisten, wenn nicht sogar alle Punkte auf meiner Liste zu finden und zu bestätigen.

Also nahm ich mir vor der Lektüre zunächst die Liste vor. Unter den 15 der 28 Punkte, die ich bereits bestätigt hatte, befanden sich drei, die ich noch einmal überprüfen wollte, denn ich hatte das Gefühl, weitere Beweise zu benötigen. Erstens war da die Tatsache, dass Beckwith am 16. Juni 1875 schrieb, er habe in Venedig Wein getrunken – ich wusste jedoch nicht, ob es sich hierbei um etwas Einmaliges handelte oder ob er sein Leben lang Wein zu trinken pflegte. Dass ich ihn bei meiner Rückführung in dem Straßencafé hatte Wein bestellen sehen, würde glaubwürdiger, wenn er ein regelmäßiger Weintrinker war. Punkt 13 wäre damit hinlänglich bewiesen. Auch bei Punkt 6 war ich mir noch unsicher: Ich hatte ja in einer Kurzbiografie gelesen, dass die Beckwith' den Sommer häufig in Europa verbrachten, brauchte aber dennoch einen konkreten Hinweis auf Frankreich.

Außerdem musste ich einen Tagebucheintrag über das Porträt der Frau mit dem Buckel finden, das ich in der Kunstgalerie in New Orleans aufgestöbert hatte. Das war aus folgendem Grunde notwendig: Mir war bewusst geworden, dass ich in New Orleans durch Zufall ein entscheidendes Beweisstück entdeckt hatte, und ich war nochmals dorthin zurückgekehrt, und zwar mit der Absicht, das Gemälde zu fotografieren oder eventuell sogar zu kaufen, falls ich es günstig bekommen konnte. Stattdessen erlebte ich eine Überraschung.

Ich musste feststellen, dass die Kunstgalerie, die das Bild gehabt hatte, inzwischen nicht mehr existierte. Da ich mir keinen anderen Rat wusste, begann ich nach guter alter Polizeimanier, die nahe gelegenen Galerien abzuklappern, um vielleicht jemanden zu finden, der etwas über den Verbleib des Gemäldes sagen konnte. Einem Kunsthändler im nächsten Häuserblock zufolge konnte mit den Bildern aus der Galerie Verschiedenes passiert sein, am wahrscheinlichsten war jedoch, dass sie entweder verkauft oder einer anderen Galerie in der Stadt in Kommission gegeben worden waren. Damit stand ich wieder vor dem gleichen Problem wie ganz zu Anfang meiner Nachforschungen, nämlich vor dem, dass es kein Gesamtverzeichnis aller amerikanischen Gemälde gab. Mit anderen Worten, wenn nun jemand ein Gemälde von Beckwith erwerben wollte, hatte er keine Möglichkeit, rasch herauszufinden, in welcher Galerie oder bei welchem Händler er eines erwerben konnte. Er musste jeden Galeristen einzeln anrufen.

Im Grunde ging ich so ähnlich vor. Wieder hielt ich mich an die Methoden der Polizei, verschaffte mir eine Liste aller Kunsthändler in New Orleans und suchte einen nach dem anderen auf, um zu fragen, ob ihnen das betreffende Porträt begegnet war. Nach einigen Tagen stieß ich endlich auf den Händler, der das Porträt von der anderen Galerie erworben und in seiner eigenen ausgestellt hatte. Leider stellte sich heraus, dass er es inzwischen verkauft hatte. Dann lernte ich etwas Entscheidendes über die Welt der Kunst: Ein Kunsthändler wahrt die Privatsphäre seiner Kunden mit geradezu religiösem Eifer. Obwohl ich ihm erklärte, dass ich lediglich eine Fotografie des Bildes benötigte, wollte der Galerist mir keinerlei Informationen darüber geben, an wen er das Bild verkauft hatte. Er bestand darauf, dass er lediglich dem neuen Besitzer meinen Namen, meine Adresse und Telefonnummer geben konnte; falls dieser es wünschte, könnte er sich dann selbst mit mir in Verbindung setzen. Mir blieb nichts anderes übrig und ich schrieb dem Händler meine Daten auf. Der Besitzer meldete sich jedoch nie bei mir. Also musste ich einen anderen Beweis für die Existenz des Gemäldes finden.

Ich begann meine Lektüre der Tagebücher an einem Nachmittag, an dem ich allein zu Hause war und den Rest des Tages freihatte. Textmarker, Notizblock und Vergrößerungsglas – Letzteres erwies sich oft als sehr nützlich – lagen bereit. Mit vor Aufregung kribbelnden Fingern öffnete ich die obere Kiste, holte den ersten Band heraus, der vom 10. September 1871 datiert war, und fing an zu lesen.

Der Anfang von Carroll Beckwith' Tagebuch war geprägt von der Begeisterung und Überschwänglichkeit eines jungen Mannes, dessen neunzehnter Geburtstag kurz bevorsteht. Die Einträge erinnern zunächst eher an einen Erlebnisbericht; der erste beispielsweise ist eine weitschweifige Beschreibung der Zeit, die Carroll mit seiner Mutter an verschiedenen Orten in und um Oxford, New York, verbracht hat. Im zweiten Eintrag, der sich über elf Seiten hinzieht, geht es unter anderem um den Tod der Großmutter, im dritten schildert er sehr anschaulich eines seiner einschneidendsten Erlebnisse, den Brand in Chicago im Oktober 1871 und dessen Bedeutung für die Familie sowie für seine Künstlerlaufbahn.

Von der ersten Seite an fand ich das Tagebuch hochinteressant. Wahrscheinlich hatte noch nie jemand die Gelegenheit gehabt, das Tagebuch aus einem früheren Leben zu lesen. Es war, als ob ich jeden einzelnen Tag von Beckwith' Leben in Abschnitten von fünf oder sechs Sätzen noch einmal erlebte.

Schon bald allerdings stellte ich fest, dass Beckwith sein Tagebuch in den ersten Jahren ziemlich willkürlich geführt hatte, das heißt, er schrieb zunächst nur gelegentlich. Die Einträge aus der Zeit, in der er sein Kunststudium in New York City aufnahm, es dann wegen seines Rheumatismus unterbrach und später zur Fortsetzung seines Studiums nach Frankreich ging, liegen oft mehrere Monate auseinander.

Erst nach Abschluss seines Studiums im Oktober 1878 und Aufnahme der Lehrtätigkeit an der New-Yorker Art Students' League im folgenden Jahr begann Beckwith, regelmäßiger Tagebuch zu führen. Aus den nächsten knapp vierzig Jahren bis zu seinem Tod gibt es, abgesehen von wenigen Ausnahmen, jeden Tag einen Eintrag. Spannend fand ich eigentlich alles, doch hielt ich natürlich besonders nach Textstellen Ausschau, mit deren Hilfe ich die noch offenen Fragen meiner Liste beantworten konnte.

Bereits nach kurzer Zeit stieß ich auf eine erneute Bestätigung von Punkt 8 – Beckwith malte tatsächlich nicht gern Porträts, doch diesmal wurde auch deutlich, warum: Er hielt sich in Sachen Porträtmalerei für völlig unbegabt. Wieder und wieder schreibt er, wie schlecht es ihm gelinge, eine Ähnlichkeit mit dem Modell auf die Leinwand zu bringen, wie fade und leblos seine Porträts seien und wie missmutig ihn die fertigen Bilder stimmten. Mir scheint freilich, dass außer ihm selbst niemand von seinem mangelnden Selbstvertrauen wusste, denn in den Kurzbiografien wurde er häufig als sehr talentierter und beliebter Porträtmaler dargestellt. Interessanterweise änderte sich an seinem Empfinden auch dadurch nichts, dass seine Modelle ihm laut Tagebuch immer wieder versicherten, wie zufrieden sie mit seiner Arbeit seien, und er überdies in den Zeitungen oft gute Kritiken für Bilder erhielt, die irgendwo ausgestellt waren.

Anderes, was ich bei meiner Rückführung gesagt hatte, nämlich Punkt 9, bestätigte sich ebenfalls sehr bald. Beckwith mochte die Porträtmalerei nicht, brauchte aber Geld. In seinen Tagebüchern führte er akribisch Buch über jeden einzelnen Cent, den er verdiente. Daran ist zu erkennen, dass der größte Teil seines Einkommens aus der Porträtmalerei stammte. Obwohl er hin und wieder auch andere Gemälde verkaufen konnte, waren die Beträge, die er dadurch einnahm, vergleichsweise gering. Kein Zweifel, ohne die Porträts hätte Beckwith nicht von der Malerei leben können.

Was Punkt 14 anging, so stieß ich auf hunderte von Tagebucheinträgen, in denen Beckwith zum Ausdruck brachte, dass er dringend Geld brauchte, ja, diese Sorge schien sein ganzes Leben zu bestimmen. Egal wie gut es finanziell in einem Jahr um ihn bestellt war, er hatte anscheinend niemals das Gefühl, genug Geld zu haben oder zu verdienen. Damit war auch Frage 17 beantwortet. Falls Beckwith und seine Frau sich gestritten hatten, und ich kenne kein Ehepaar, bei dem das nicht der Fall ist, dann ging es sicherlich um Geld. Beckwith war regelrecht besessen davon. Er führte nicht nur Buch über jeden Cent, den er verdiente, sondern auch über jeden Cent, den er ausgab. Auf Reisen suchte er stets nach den billigsten Hotels und wenn er etwas kaufen musste, das er für teuer hielt, notierte er in seinem Tagebuch die Summe, gefolgt von drei Ausrufungszeichen. Doch auch Ausgaben für Handschuhe, Mittagessen, Modelle und selbst für Kleinigkeiten wie einen Kopfsalat wurden genauestens festgehalten. Geld war die Antriebsfeder seines Lebens und zweifellos auch der Grund aller Auseinandersetzungen zwischen ihm und Bertha.

In anderen Tagebucheinträgen ging es um so banale Dinge wie wer ihm gerade Modell saß, in welchem Klub er zu Abend gegessen hatte und wer ihm an diesem Tag begegnet war. All das hinderte mich am raschen Fortkommen, zumal ich das Geschriebene oft erst entziffern musste. Hin und wieder stieß ich jedoch auch auf etwas, das für meine Nachforschungen von unschätzbarem Wert war. Zum Beispiel hatte ich mich ja unter Hypnose mit einem Spazierstock gesehen, der jedoch keine Gehhilfe, sondern ein modisches Accessoire war, denn alt war ich damals schließlich nicht. Nun erwähnt Beckwith häufig, er sei sonntags zu Verwandtenbesuchen von seiner Wohnung in der 57th Street bis hinauf zur 85th Street und weiter bis zur 115th Street gelaufen. Daher war es nicht unwahrscheinlich, dass er einen Spazierstock besessen hatte, und so war es auch. Dreimal – am 20. Dezember 1882, am 18. Oktober 1910 und am 9. März 1915 – schreibt Beckwith, er habe einen Spazierstock geschenkt bekommen oder benutzt. Damit war auch Punkt 12 bestätigt.

In einer weiteren Szene meiner Rückführung hatte ich mich mit jemandem über die schlechte Beleuchtung eines meiner Gemälde streiten sehen, das Teil einer Ausstellung war. Aus Beckwith' Tagebüchern erfuhr ich, dass das Aufhängen der Bilder ein schwieriger und äußerst wichtiger Bestandteil einer jeden Ausstellung war. Die Leiter einer Ausstellung bildeten oft sogar eigens Komitees, die entschieden, welches Gemälde wo aufgehängt wurde, welche Bilder die auffälligsten und

Landschaft von Beckwith, betitelt »Sommer in Onteora, New York, 1893«. D. Wigmore Fine Art, Inc.

Dieses Ölgemälde trägt den schlichten Titel »Greene, 1887«.
Marty Scherer Fine Paintings

am besten ausgeleuchteten Plätze bekamen. Künstler, die sich dabei benachteiligt fühlten, empfanden oft bitteren Groll. Ich stieß auf neun verschiedene Tagebucheinträge, in denen es heißt, Beckwith sei über schlechte Platzierung und Ausleuchtung seiner Bilder verärgert gewesen und habe deswegen Streit gehabt. Frage 15 konnte ich also ebenfalls bejahen.

Zu Beginn meiner Suche nach Fakten, von denen ich mir versprach, dass sie alles, was ich unter Hypnose gesehen hatte, als Fantasieprodukte oder vergessene Erinnerungen entlarven würden, hatte ich gedacht, die Szene, die um die Jahrhundertwende herum spielte und in der ich mich hatte Wein trinken sehen, könnte der Schlüssel zu allem sein. Ich hatte gehofft, herauszufinden, dass Beckwith Antialkoholiker war, doch selbst wenn nicht, so hatte ich doch den Eindruck, dass damals nur wenige Männer Wein tranken. Die meisten, die Alkohol nicht ablehnten, tranken Whiskey. Leider musste ich feststellen, dass Beckwith in den Tagebüchern häufig erwähnt, wie sehr er guten Wein schätzt. In einem Eintrag berichtet er sogar, er sei wegen seiner Vorliebe für Wein ziemlich schief angeschaut worden, aber er sei nun einmal in Frankreich auf den Geschmack gekommen. Mehrfach beschwert er sich auch über Einladungen zu Abendessen, bei denen kein Wein gereicht wurde. Das alles war eine hinlängliche Bestätigung von Punkt 13 meiner Liste.

Es gab noch einen Aspekt, mit dem ich zunächst gedacht hatte, beweisen zu können, dass meine Rückführung eigentlich gar keine war. Unter Hypnose hatte ich gesagt: »Sie ist an einem Blutgerinnsel gestorben. Sie haben gesagt, es sei ein Blutgerinnsel gewesen.« Damals wusste ich nicht, von wem ich überhaupt sprach, nur, dass diese Person mir sehr viel bedeutet hatte. Sollten meine Rückführungserinnerungen der Wahrheit entsprechen, musste folglich eine Frau, die für Beckwith wichtig gewesen war, auf diese Weise ums Leben gekommen sein. Wenn ich keine entsprechenden Hinweise fand, würde das die Rückführungstheorie erheblich ins Wanken bringen. Nach meiner bisherigen Lektüre von Beckwith' Tagebüchern wusste ich, dass nur zwei Frauen infrage kamen, nämlich seine Mutter, der er viele Seiten widmet, auf denen er seine Zuneigung zum Ausdruck bringt, und später seine Frau Bertha. An Punkt 24 konnte sich also tatsächlich entscheiden, ob an der Sache mit dem früheren Leben etwas dran war.

Als ich mit der Lektüre bis zum 5. Dezember 1886 fortgeschritten war, hielt ich abrupt inne und spürte, wie es mir plötzlich kalt über den Nacken lief. An jenem Tag, so schreibt Beckwith, war seine Mutter in die Kirche gegangen und hatte dort einen Schlaganfall erlitten, der durch ein Blutgerinnsel verursacht worden war. Noch am selben Tag ist sie gestorben. Ich fühlte mich wieder so ähnlich wie in New Orleans, als ich zufällig auf das Porträt der buckligen Frau gestoßen war. Genau wie damals die Entdeckung des Bildes war auch dieser Tagebucheintrag ein Schlag ins Gesicht für mich, war er doch ein klarer Beweis dafür, dass ich unter Hypnose tatsächlich Szenen aus dem Leben von Carroll Beckwith gesehen hatte. Woher sonst hätte ich das wissen sollen?

Was die Party oder den Empfang anging, wo man mich feierte und mir gratulierte, so fanden sich gleich mehrere Tagebucheinträge, in denen von dergleichen die Rede war. Damit konnte ich Punkt 7 auch abhaken.

Am 31. Mai 1879 schildert Beckwith in ein paar Sätzen einen Empfang, bei dem ihm Unmengen von Leuten gratulierten; am 11. Mai 1889 schildert er eine weitere Feier, bei der er sich von Leuten umringt sah, die ihn beglückwünschten, und vermerkt, dass sämtliche Zeitungen sein Werk ausnahmslos in den höchsten Tönen lobten.

Beim erneuten Durchsehen meiner Liste fiel mir auf, dass die Frage nach der Kinderlosigkeit von Beckwith' Frau noch unbeantwortet war. Unter Hypnose hatte ich gesagt, meine Frau könne wohl keine Kinder bekommen. Nun schreibt Beckwith am 24. Oktober 1888, zufälligerweise auf den Tag genau 29 Jahre vor seinem Tod, seine Frau habe eine äußerst komplizierte Fehlgeburt erlitten. Beckwith erwähnt danach noch ein paar Mal, wie sehr er Paare beneidet, die Kinder haben können, aber Bertha und er bleiben ohne Nachwuchs. Damit konnte ich die Fragen 19 und 20 bejahen.

Unmittelbar nach meiner Aussage zu unserer Kinderlosigkeit hatte ich unter Hypnose erklärt, meine Frau und ich seien aber dennoch glücklich. Konnte man dies auch von den Beckwith' sagen? Nach der Lektüre der Tagebücher war ich mir zumindest im Hinblick auf Carroll sicher, dass seine Ehe für ihn keine Wünsche offen ließ. Viele Male schreibt er, wie sehr er Bertha liebt und bewundert und wie froh er ist, sie geheiratet zu haben. So bestätigte sich auch Punkt 21.

Während der Rückführung sah ich mich einmal in einem Atelier, das viele Fenster und ein großes Oberlicht zu haben schien und in dem ich gerade die bucklige Frau porträtierte. Zuvor hatte ich Dr. Griffith bereits gesagt, in meinem Atelier stünden überall unverkaufte

Bilder herum. Als sie 1912 aus Europa in die Vereinigten Staaten zurückkehrten, zogen Beckwith und seine Frau ins Schuyler-Hotel in der West 45th Street in New York. Dort hatte Beckwith auch ein Atelier, von dem er am 9. September 1912 schreibt, es habe eine mächtige Fensterfront und ein großes Oberlicht. Bestätigung von Punkt 22. Insgesamt fünfmal – am 5. Juni 1907, am 14. März 1908, am 21. April 1908, am 27. Mai 1909 und am 25. Oktober 1912 – macht Beckwith eine Bemerkung über die vielen unverkauften Gemälde, die in seinem Atelier hingen und herumstanden – damit war auch Frage 25 beantwortet. Wichtiger war jedoch Frage 1, in der es um einen der wichtigsten Punkte meiner Beweisführung ging, und auch für diesen fanden sich Belege: In seinem Tagebuch von 1912 erwähnt Beckwith dreimal (am 18. Oktober, 23. November und 28. Dezember), dass er in seinem Atelier im Schuyler-Hotel eine bucklige Frau gemalt habe.

Nachdem ich auf diese Weise eine Bestätigung nach der anderen erhielt und keinerlei Zweifel mehr daran hatte, dass ich unter Hypnose tatsächlich Szenen aus dem Leben von Carroll Beckwith gesehen hatte, stürzte ich mich regelrecht auf die Lektüre der restlichen Tagebücher. Sehr zum Leidwesen meiner Frau brachte ich am Wochenende oft zehn oder mehr Stunden täglich damit zu. Ich war nun davon überzeugt, schließlich alle Punkte auf meiner Liste beweisen zu können und keinen Widerspruch mehr zu entdecken. Nachdem ich die Frage nach dem Porträt der buckligen Frau abgehakt hatte, blieben nur mehr fünf Fragen offen.

Zwei davon bezogen sich auf dieselbe Begebenheit, die mir unter Hypnose erschienen war: Ich hatte ein

Haus betreten und meine Frau dort Klavier spielen sehen. Zu Dr. Griffith hatte ich gesagt, ich glaubte, ich sei in Frankreich. In seinem Tagebuch berichtet Beckwith von zahlreichen Frankreichreisen, die er und Bertha unternommen haben; damit war diese Frage geklärt. Außerdem schreibt Beckwith, dass sie sowohl in der New-Yorker Wohnung als auch im Sommerhaus in den Catskill Mountains ein Klavier gehabt hätten. Aber hatte Bertha darauf gespielt, auch vor Publikum? Ja, Beckwith erwähnt häufig, dass Bertha für Freunde Klavier gespielt oder gesungen habe. Bestätigung von Punkt 18.

Nun schaute ich mir die verbleibenden drei Fragen noch mal an, in denen es um meine Aussagen unter Hypnose ging, dass ich ein guter Künstler sei, dies aber so lange gedauert habe, dass ich beim Malen glücklich sei und dass die Leute zwar nicht mich, aber meine Bilder mochten.

Angesichts von Beckwith' ständigen missmutigen Bemerkungen darüber, dass er verglichen mit anderen Künstlern kein Talent habe, fragte ich mich zunächst, ob er sich wohl jemals für einen guten Künstler gehalten hatte. Doch es stellte sich heraus, dass er in den letzten Jahren seines Lebens, etwa ab 1914, eine wesentlich höhere Meinung von seiner Begabung entwickelte; einmal behauptet er sogar, in Amerika könne niemand so gute Porträts malen wie er. So hatte es also wahrlich lange gedauert, bis er glaubte, ein guter Künstler zu sein, und ich hatte damit die Bestätigung von Punkt 26.

Frage 27 konnte ich gleichfalls bejahen, da Beckwith trotz seiner häufigen niedergedrückten Stimmungen mehrfach betonte, am glücklichsten sei er, wenn er male.

Blieb noch Punkt 29, meine Aussage, dass die Leute zwar nicht mich, aber meine Bilder mochten. Dies schien problematisch, denn Beckwith machte meistens den Eindruck eines sehr kontaktfreudigen, netten Kerls mit einem großen Freundeskreis. Ab etwa 1912 zeichnet sich in den Tagebüchern allerdings eine deutliche Persönlichkeitsveränderung ab. Zuerst heißt es, Bertha habe ihm Vorhaltungen gemacht, weil er anderen gegenüber so unfreundlich gewesen sei; in späteren Einträgen schreibt er öfter, dass Bertha ihn für einen alten Griesgram halte oder Frauen wegen seiner Schroffheit in Tränen ausgebrochen seien. Darüber hinaus berichten seine Aufzeichnungen von einer plötzlichen Unlust, wegen gesellschaftlicher Verpflichtungen die Wohnung zu verlassen – das passt gar nicht zu dem Mann, der mehr als dreißig Jahre lang von einem Amüsement zum anderen flatterte, der mehrmals pro Woche zu Diners, Empfängen, ins Theater, in die Oper oder Ähnlichem ging.

Mir fiel auf, dass eine Begebenheit aus dem Jahre 1910 ebenfalls zu seiner Veränderung beitrug. Bevor er in jenem Jahr nach Rom zog, organisierte Beckwith einen umfangreichen Verkauf seiner Werke in der Hoffnung, aus dem Erlös den Umzug finanzieren zu können. Es sollte ihn nachhaltig, ja, bis zu seinem Tode verbittern, dass zahlreiche Leute, die er für seine Freunde gehalten hatte, sich bei dem Verkauf nicht blicken ließen.

Ein Tagebucheintrag vom 12. Februar 1913 deutet noch stärker auf Beckwith' Veränderung hin. Zum ersten Mal kritisiert er hier John Sargent, den er doch seit vierzig Jahren als seinen besten Freund ansah. Und schließlich muss man auch sagen, dass Beckwith zu einer Zeit an der Welt der Kunst teilnahm, in der diese in radikalem Wandel begriffen war, gegen den er sich jedoch stets sperrte. Impressionisten, Kubisten und andere Vertreter der modernen Kunst, die neue Konzepte einbringen wollten, waren und blieben für ihn gefährliche Revoluzzerbanden. Mit seiner strikten Ablehnung jeglicher Veränderungen dürfte er sich nur wenige Freunde gemacht haben. So mochte es für seine letzten Lebensjahre zutreffen, dass ihn viele Leute nicht leiden konnten. Ich nahm das als Bestätigung von Punkt 28.

Nachdem ich den letzten Tagebucheintrag vom 23. Oktober 1917 gelesen hatte, begriff ich, dass meine Beweise nun über alle Zweifel erhaben waren – ich hatte tatsächlich die Erinnerungen des Carroll Beckwith im Kopf. Eine andere Erklärung gab es nicht. Wenn ich es hier mit einem Kriminalfall zu tun gehabt hätte, wäre ich bei einer solchen Beweislage vollkommen überzeugt gewesen, dass es zu einer Verurteilung kommen würde.

Obwohl ich mich bereits vor einiger Zeit entschlossen hatte, mit meinen Entdeckungen an die Öffentlichkeit zu gehen, machte mich der Gedanke daran trotz aller Beweise immer noch nervös. Ich sagte mir zwar oft, was wahr ist, ist wahr, und dass ich keine Angst davor haben sollte, darüber zu sprechen. Dann aber fragte ich mich, ob ich nicht doch besser alles für mich behalten sollte, wie Melanie mir immer noch riet. Mir war klar, dass es nur wenigen Leuten, seien es nun Polizisten oder nicht, gefallen würde, wenn ich solche Behauptungen aufstellte. Und auch wenn ich herausgefunden hatte, dass viele andere Polizisten ebenfalls bereits übernatürliche Erlebnisse gehabt hatten, so hatten doch die meisten lediglich Kollegen und engen Familienangehörigen davon erzählt. Wenn ich dagegen meine Erfahrungen veröffentlichte, würde ich mich an die ganze Welt richten.

Mir wurde auch bewusst, dass eine Menge Leute meine Behauptungen allen erdrückenden Beweisen zum Trotz in Zweifel ziehen würden, weil sie eben so ungewöhnlich waren. Viele würden meine Beweisführung gar nicht erst anschauen, sondern mich gleich als einen dieser durchgeknallten Spinner abtun, die an Reinkarnation glauben, und ich war mir nicht sicher, ob ich zu dieser Gruppe gehören wollte. Bei diesem Gedanken wurde mir klar, dass ich außer Cathy Graban und Dr. Griffith überhaupt niemanden kannte, der an frühere Leben glaubte, und ich konnte ja gar nicht wissen, ob die beiden für Anhänger dieser Überzeugung typisch waren. Vielleicht sollte ich vor der Veröffentlichung meiner Entdeckungen erst noch andere kennen lernen, die an frühere Leben glaubten, um beurteilen zu können, ob ich mit ihnen in einen Topf geworfen werden wollte.

Kapitel 15

In der ersten Zeit meiner Nachforschungen, noch bevor ich von Beckwith wusste, hatte ich ziemlich viel über Rückführungen gelesen und war dabei mehrmals auf den Namen einer Organisation gestoßen, der Association for Past-Life Research and Therapies, kurz APRT. Das war eine Gruppe von Psychotherapeuten, die in ihrer Praxis mit der Rückführungstherapie arbeiteten und den Verein gegründet hatten, um diese Therapieform bekannter zu machen und Kollegen zu einer entsprechenden Ausbildung zu ermutigen. Das war jedoch für mich unwichtig; ich musste vielmehr wissen, ob dies eine Gruppe ganz normaler Psychologen und Psychiater war, die eine funktionierende Therapieform entdeckt hatten, oder ein Haufen Spinner.

In jeder Organisation gibt es schließlich Randgruppen, warum sollte das bei den Psychologen und Psychiatern anders sein? Ich musste unbedingt herausfinden, was für Leute die APRT-Mitglieder waren, denn schließlich würden mich nicht nur diejenigen, die keinen Blick auf meine Beweisführung warfen, direkt als »einen von denen, die an Wiedergeburt glauben« abstempeln, sondern auch diejenigen, die sich genauer mit meiner Geschichte befassten, mussten mich zwangsläufig zu dieser Gruppe zählen. Also musste ich mit so vielen APRT-Mitgliedern wie nur möglich sprechen, bevor ich meine Erfahrungen veröffentlichte.

In einem der Bücher, die ich damals gekauft hatte, fand ich die Adresse der APRT und erkundigte mich brieflich nach dem Termin ihrer nächsten Versammlung oder Tagung. Das wäre die beste Gelegenheit, einer großen Zahl von APRT-Mitgliedern auf einmal zu begegnen. Wenn ich dort hinging und mit den Leuten sprach, würde ich erfahren, ob ich mit ihnen in Verbindung gebracht werden oder mein Wissen über Beckwith lieber mit ins Grab nehmen wollte.

Etwa eine Woche später erhielt ich ein Infopaket der APRT, dem ich entnahm, dass in nur zwei Monaten eine Tagung in Fort Lauderdale in Florida stattfinden sollte. Das war beinahe zu perfekt, da Melanie bereits seit längerem dort hinfahren wollte, um ihren Vater im Altersheim zu besuchen. Also schickte ich der APRT einen Scheck und meine Anmeldung zur Tagung, ohne jedoch zu erwähnen, dass ich Police Captain war. Ich wollte inkognito dort erscheinen. Sollte sich die APRT als ein Haufen von abgedrehten Typen mit irrem Blick entpuppen, würde ich mich einfach davonstehlen, ohne dass irgendjemand wusste, wer ich war oder warum ich die Tagung besucht hatte.

In den folgenden zwei Monaten war ich nicht faul, sondern begann alles zusammenzuschreiben, was ich über Beckwith und meine Rückführung in Erfahrung gebracht hatte; außerdem begab ich mich daran, für meinen Agenten den Entwurf eines möglichen Buchkonzeptes zu verfassen. Als sich die Tagung näherte, bestiegen Melanie und ich frühmorgens ein Flugzeug und landeten zwei Stunden später in Florida. Nach der Ankunft in unserem Hotel in Fort Lauderdale, dem Crown Sterling Suites, begab ich mich nicht nach draußen, um das Meer oder andere Sehenswürdigkeiten anzuschauen, sondern eilte gleich hinunter zu den Konferenzräumen, um meine Tagungsunterlagen abzuholen. Die Mitarbeiter, die die Unterlagen ausgaben, schienen ganz normal zu sein, doch ich dachte mir, das dies nichts zu sagen hatte; sie waren höchstwahrscheinlich nur Angestellte der APRT.

Ich kehrte in unser Zimmer zurück, wo ich beim Überfliegen der Unterlagen entdeckte, dass am Abend ein Begrüßungscocktail stattfinden sollte – das hielt ich für eine ausgezeichnete Gelegenheit, kritisch zu beleuchten, ob die anderen Tagungsteilnehmer überhaupt zurechnungsfähig und vernünftig waren. Ich hatte gehofft, Melanie würde mich dabei begleiten, da ein Paar leichter die Runde machen kann und mich überdies ihr Urteil bezüglich der geistigen Gesundheit der Anwesenden interessierte. Doch meiner Frau war angesichts meiner Entdeckungen und dessen, was ich damit vorhatte, immer noch nicht wohl; sie musste zwar zugeben, meine Behauptungen nicht widerlegen zu können und keine andere Erklärung zu haben, doch wollte sie sich nicht mit in die ganze Sache hineinziehen lassen. Statt mich zu begleiten, würde sie zu ihrem Vater ins Altersheim gehen.

Obwohl ich mich den ganzen Nachmittag darauf vorbereitet hatte, war ich doch ein wenig nervös, als ich später am Abend allein zu dem Begrüßungscocktail ging. Ich wusste nicht genau, welche Fragen ich meinen

Gesprächspartnern stellen oder was ich sagen sollte, falls sie wissen wollten, wer ich war oder warum ich die Tagung besuchte. Glücklicherweise war der Raum bereits voller Menschen, was es mir leichter machte, nicht aufzufallen, und so begann ich herumzuspazieren, Leute zu begrüßen und mit ihnen zu plaudern. Schon bald stellte sich heraus, dass einer der Herren, die einen Vortrag halten würden, ebenfalls Snow hieß, sodass einige glaubten, ich hätte irgendetwas mit ihm zu tun, auch wenn ich ihn vor diesem Abend noch nie gesehen hatte. So hatte ich überhaupt keine Schwierigkeiten, herumzulaufen und mich unter die Leute zu mischen – niemand fragte nach dem Grund meiner Anwesenheit.

Zu meiner Erleichterung schien die große Mehrheit meiner Gesprächspartner an jenem Abend völlig normal zu sein und keinerlei Anzeichen ernsthafter psychischer Probleme aufzuweisen. Mir begegneten zwar auch ein paar seltsame und einige sehr seltsame Gestalten, doch das überraschte mich nicht; ich hatte mir schon gedacht, dass das Thema der Tagung eine gewisse Zahl merkwürdiger Individuen anlocken würde. Eine Frau erzählte mir beispielsweise, es sei ihre Aufgabe, die Menschheit auf die baldige Ankunft friedlicher Außerirdischer vorzubereiten, die sämtliche Probleme der Erde auf einen Schlag lösen würden; ein anderer behauptete, er spreche regelmäßig mit dem Geist Napoleons. Zum Glück erfuhr ich im Gespräch, dass keiner von ihnen Mitglied in der APRT war; sie waren allesamt einfach interessierte Laien, die, wie ich vermutet hatte, wegen des Themas zu der Tagung gekommen waren.

Den Unterlagen, die man mir vorab zugeschickt hatte, war zu entnehmen gewesen, dass es eine große Auswahl von Workshops gab, an denen ich im Verlauf der Tagung teilnehmen konnte, angefangen bei »Rückführungstherapie zur Behandlung psychischer Störungen« über »Rückführungstechniken: Entdecken Sie Ihre Lebensaufgabe« bis hin zu »Die Vision des Dritten Auges«. Ich meldete mich zu möglichst vielen Workshops an, nicht um etwas über die Rückführungstherapie als Methode der Psychologie zu lernen, sondern um möglichst viele Therapeuten kennen zu lernen, die an frühere Leben glaubten.

Die ersten beiden APRT-Mitglieder, deren Bekanntschaft ich bei den Workshops machte, waren Dr. med. Robert Jarmon, ein Psychiater, der in seiner Praxis die Rückführungstherapie anwendet und interessanterweise psychologischer Berater der katholischen Kirche von Central New Jersey ist, und Linda Adler, zugelassene Sozialarbeiterin, Psychotherapeutin und damalige Vizepräsidentin, später Präsidentin der APRT. Beide lernte ich als aufrichtige, warmherzige Menschen kennen, die einfach eine Therapieform nutzen wollten, die ihrer Erfahrung nach wirkungsvoll war und den Klienten half, auch wenn manche Leute sie für fragwürdig hielten. Ich sprach auch mit der damaligen Präsidentin der APRT, Bettye Binder, und mit zahlreichen anderen Therapeuten, die einen Workshop leiteten, darunter auch Dr. Chet Snow.

Im Laufe meiner vielen Jahre bei der Polizei habe ich gelernt, sehr rasch zu merken, wenn sich jemand an der Grenze der Realität bewegt. Von dieser Fähigkeit hängt das Leben eines Polizisten oft ab. Diese Beschreibung passte allerdings auf keines der APRT-Mitglieder, die ich kennen lernte; im Gegenteil, alle schienen offene, mitfühlende Menschen zu sein, die sich mehr um das Wohlergehen ihrer Klienten sorgten als um bestehende Konventionen. Als ich nach einigen Tagen wieder abreiste, fühlte ich mich bei der Vorstellung, mit diesen Leuten in einen Topf geworfen zu werden, bedeutend wohler.

Zu Hause machte ich mich sofort daran, mein Buchkonzept fertig zu stellen, um es meinem Agenten zu schicken. Bevor ich das Buch jedoch tatsächlich schreiben konnte, hatte ich noch etwas zu erledigen. Bei der Lektüre von Beckwith' Tagebüchern hatte ich zahlreiche Hinweise auf seine Sammelalben von Zeitungsausschnitten, Fotos und Ähnlichem gelesen, die sich, so hatte ich nach mühsamer Suche herausgefunden, in den Händen der New-York Historical Society befanden und wegen ihrer Brüchigkeit nicht per Fernleihe ausgeliehen werden konnten. Sie waren ausschließlich am Hauptsitz der Gesellschaft an der Ecke 77th Street/ Central Park West in New York einzusehen.

Aus drei Gründen wollte ich diese Sammelalben durcharbeiten. Erstens wollte ich mir selbst den Wunsch erfüllen, etwas zu sehen und anzufassen, das Beckwith im Laufe seines Lebens oft in der Hand gehabt hatte. Zweitens waren in Bezug auf einen Beweis geringfügige Unstimmigkeiten aufgetreten. Den Berichten zufolge, die ich gefunden hatte, war Beckwith am 24. Oktober 1917 gegen fünf Uhr nachmittags gestorben, bei meiner Rückführung dagegen war es bereits dunkel gewesen, als ich nach meinem Tod über die Stadt geschwebt war; es war offenbar einige Stunden

Die Sammelalben mit acht Artikeln, die einen Streit über die Platzierung eines ausgestellten Gemäldes schildern. Sammlung der New-York Historical Society

später. Das war zwar nur eine Kleinigkeit, doch viele Leute würden meine Geschichte ohnehin nicht ohne weiteres glauben und nach genau solchen Unstimmigkeiten Ausschau halten. Ich hoffte, diese Frage mithilfe der Sammelalben klären zu können, zumal sich darunter auch eines von Bertha befinden sollte, in dem vielleicht etwas über Beckwith' Tod stand. Und auch wenn ich mir, drittens, nicht vorstellen konnte, dass ich, nachdem ich schon in den Tagebüchern nicht fündig geworden war, in den Sammelalben noch auf etwas stoßen würde, was meine Beweisführung widerlegte, konnte ich doch eine umfassende Untersuchung nicht abschließen, ohne dieses wichtige Beweismaterial zu sichten.

Die Sammelalben waren übrigens nur ein Grund, um nach New York City zu reisen. Von Beckwith' Sterbeurkunde wusste ich, dass er auf dem Kensico-Friedhof in Valhalla im Staat New York beerdigt wurde, unmittelbar nördlich von New York City. Mir war zwar klar, dass ich, um den Fall gründlich genug zu bearbeiten, nicht unbedingt Beckwith' Grab aufsuchen musste, auch krampfte sich mir beim Gedanken daran jedes Mal der Magen zusammen, als hätte ich mich mit nassem Heu voll gestopft. Aber die Versuchung, mein eigenes Grab aufsuchen zu können, war einfach zu groß, um ihr zu widerstehen.

Kapitel 16

Die Maschine der U.S. Air benötigte knapp zwei Stunden für den Flug von Indianapolis nach New York City. Da ich jedoch mitten im morgendlichen Berufsverkehr ankam und beschloss, mit einem Shuttle-Bus der Gray Line zu meinem Hotel in der 63th Street in Manhattan zu fahren, brauchte ich ungefähr noch einmal so lange, um vom Flughafen La Guardia dorthin zu gelangen.

Nachdem ich mich im Hotel Radisson Empire angemeldet hatte, fragte ich an der Rezeption nach dem Weg und begab mich dann zu Fuß zur New-York Historical Society. In Indianapolis ist ein Häuserblock etwa einhundertsechzig Meter breit, daher hatte ich gedacht, von der Ecke 63th Street/Columbus Avenue bis zur Ecke 77th Street/Central Park West wären es vielleicht annähernd drei Kilometer. Zu meiner Freude stellte sich jedoch heraus, dass die Häuserblocks zwischen den östlichen und westlichen Straßen in Manhattan wesentlich schmaler sind, sodass ich statt einer kleinen Wanderung nur einen kurzen Spaziergang machen musste.

Ich stellte fest, dass sich die New-York Historical Society genau gegenüber des American Museum of

Natural History in einem dreistöckigen Kalksteinbau direkt am Rande des Central Park befindet. Ich hatte freilich keine Zeit, die Umgebung zu bewundern, sondern ging gleich die Treppe hinauf und betrat das Gebäude. Ich bezahlte fünf Dollar Eintrittsgeld, dann erkundigte ich mich nach dem Weg zur Bibliothek. Eine Mitarbeiterin schickte mich in den ersten Stock hinauf. Als ich kurz darauf die Bibliothek betrat, war ich überrascht, wie klein sie war – wegen der Thematik hatte ich sie mir wesentlich größer vorgestellt.

Als ich an der Information nach Carroll Beckwith' Sammelalben fragte, händigte mir die Bibliothekarin einen Bestellschein aus und schickte mich zu einer Gruppe alter hölzerner Aktenschränke hinüber. Sie erinnerten mich an die Schränke, die jahrzehntelang in der öffentlichen Bücherei von Brightwood gestanden hatten, in die meine Mutter mich als Kind immer mitgenommen hatte – Schränke, in denen die Karteikarten über den gesamten Buchbestand nach der Deweyschen Dezimalklassifikation geordnet waren. Ganz ähnlich verhielt es sich auch mit diesen Schränken und sobald ich die Karteikarte für James Carroll Beckwith gefunden hatte, notierte ich die Signatur der Sammelalben auf dem Bestellschein. Als ich diesen kurz darauf der Bibliothekarin zurückgab, fragte sie: »Möchten Sie alle Bände haben?«

Aufgrund der Hinweise in Beckwith' Tagebüchern vermutete ich, dass es sich um zwei, drei Bände handelte, also nickte ich.

Wenig später schob ein junger Bibliotheksgehilfe einen Rollwagen mit sechs dicken und zwei dünnen Sammelalben an meinen Tisch. Alle Bände schienen gefüllt zu sein und ich begriff sofort, dass hier hunderte von weiteren Seiten gründlich durchzuarbeiten waren. Sogleich fragte ich mich, ob es wohl schlau gewesen war, für diese Recherche nur vier Tage zu veranschlagen, zumal diese Bibliothek täglich nur sechs Stunden geöffnet war.

Nach einer kurzen Einführung über den Umgang mit den offensichtlich alten, brüchigen Büchern stellte der Bibliotheksgehilfe behutsam Sammelalbum Nummer eins auf einen schützenden Bücherständer auf dem Tisch. (Beckwith hatte die sechs dicken Bände nummeriert und auf dem Einband notiert, aus welchen Jahren der Inhalt stammte.) Einen Moment lang betrachtete ich das Buch. Eigentlich erwartete ich nach der Lektüre der Tagebücher aus vierzig Jahren von den Sammelalben keine aufregende Entdeckung mehr, doch immerhin erhält man durch solche Sammlungen einen Einblick in das, was einem Menschen so wichtig war, dass er es nicht vergessen wollte. In solche Alben kleben die Leute oft ihre kostbarsten Andenken. Als ich den Einband berührte, spürte ich ein Kribbeln bis in meine Schulter hinauf. Ich weiß nicht, ob das nur die gespannte Erwartung war oder etwas anderes, doch ich war mir sicher, dass mir diese Sammelalben zwar vielleicht keine Überraschung bereiten, aber mir auf jeden Fall helfen würden, noch mehr über den Mann zu erfahren, dessen Tagebücher ich in den letzten Monaten gelesen hatte.

In dem Album fand ich schließlich jeden einzelnen Artikel aus Zeitungen und Zeitschriften, in dem Beckwith' Name jemals aufgetaucht war, und zwar nicht nur aus der amerikanischen, sondern auch aus der ausländischen Presse. Beckwith hatte das in seinen Tagebüchern zwar nie erwähnt, doch er hatte mehrere Recherchedienste damit beauftragt, weltweit entsprechende Artikel ausfindig zu machen und ihm zuzusenden. Dies erwies sich für mich als günstig, vereinfachte es doch das Studium der Sammelalben, da oft ein Dutzend oder mehr der eingeklebten Zeitungsausschnitte von demselben Ereignis berichteten und nur aus verschiedenen Quellen stammten. Darüber hinaus hatte Beckwith in den Alben auch zahlreiche Rezensionen seiner Werke gesammelt, in denen seine Malerei ganz im Gegensatz zu seiner pessimistischen Selbsteinschätzung aus den Tagebüchern meistens gut bis sehr gut beurteilt wurde. Manche Kritiker nannten Beckwith sogar »Amerikas besten und beliebtesten Porträtmaler«.

Auch Kopien von Briefen, die Beckwith verschiedenen Zeitungen zur Veröffentlichung geschickt hatte, fanden sich in den Alben. Meist ging es darin um die zahlreichen wohltätigen Zwecke, für die sich Beckwith im Laufe seines Lebens engagiert hatte, oder um seine harsche Kritik an den Veränderungen der Kunstwelt, die er als radikal und gefährlich ansah. Besonders erfreut war ich, eine Reihe von Fotografien sowohl von Beckwith' bekannteren Gemälden als auch von den Leuten und Orten zu entdecken, über die ich in den Tagebüchern so viel gelesen hatte. In die verbleibenden Lücken auf den Seiten hatte Beckwith weitere Schriftstücke geklebt, beispielsweise Reisepässe, Kreditbriefe und Hotelrechnungen.

Nach zwei Tagen à sechs Stunden Recherche, die intensiv, aber aufgrund der erwähnten Wiederholungen doch leichter als erwartet war, hatte ich kaum etwas entdeckt, was ich nicht bereits aus den Tagebüchern kannte. Allerdings war ich auf acht Zeitungsartikel aus acht verschiedenen Zeitungen gestoßen, in denen es, so vermutete ich, um den Streit über die Beleuchtung eines meiner Bilder ging, den ich auch bei der Rückführung gesehen hatte (Punkt 15 meiner Liste). Dem breiten Raum nach zu urteilen, den Beckwith dieser Begebenheit in seinem Sammelalbum eingeräumt hat, war sie sehr wichtig für ihn. Sogar die *Paris Herald Tribune* hatte am 5. Februar 1913 darüber einen Bericht mit dem Titel »Wütender Künstler hängt Porträt im Klubhaus ab« veröffentlicht. Den Artikeln zufolge war Beckwith so aufgebracht über die schlechte Platzierung und miserable Beleuchtung eines Gemäldes, das er dem Katholischen Klub von New York City als Leihgabe zur Verfügung gestellt hatte, dass er mit den Vorsitzenden eine Auseinandersetzung hatte, an deren Ende er sein Gemälde schließlich von der Wand nahm und nach Hause schaffte.

Des Weiteren fand ich eine Fotografie von Bertha beim Klavierspiel, umringt von einigen Freunden – Punkt 18 wurde damit weiter untermauert.

Es stellte sich heraus, dass Bertha nach Carrolls Tod dessen sechstes und letztes Sammelalbum fortgeführt hatte. (Eines der beiden kleinen, nicht nummerierten Bücher war Beckwith' allererstes Sammelalbum, das andere gehörte Bertha und enthielt Artikel über Ereignisse, bei denen sie eine Rolle gespielt hatte.) Offenbar hatte Bertha weiterhin die Recherchedienste in Anspruch genommen, um mehr als fünfzig Nachrufe auf ihren Mann aus Zeitungen aus der ganzen Welt in das

Album einzukleben. Mit deren Hilfe konnte ich die bereits erwähnten Unstimmigkeiten zwischen meinen Hypnoseerlebnissen und den bisherigen Rechercheergebnissen bezüglich des genauen Zeitpunktes von Beckwith' Tod aufklären.

Ein Nachruf, der am 25. Oktober 1917 im *New York Herald* erschienen war, ging sehr detailliert auf den Tod des Malers ein und gab an, weder Beckwith selbst noch Bertha hätten etwas von seinen Herzproblemen geahnt: Bis zu dem Tag, an dem er den tödlichen Herzanfall erlitt, sei es ihm gut gegangen. Laut Berthas Einträgen in Beckwith' Tagebuch hatten sie an jenem Tag Pläne für eine Reise nach Cleveland geschmiedet, um eine Ausstellung von Beckwith' Werken anzuschauen, die dort angesetzt war. Carrolls plötzlicher und völlig unerwarteter Tod war für Bertha offenbar ein furchtbarer Schlag. Er starb kurz nach seiner Rückkehr von seinem Spaziergang in ihren Armen und sie war so mitgenommen, dass sie selbst einen Zusammenbruch erlitt und ärztlich behandelt werden musste. Wenn ich bedenke, was für eine tiefe Liebe zu Bertha in Carrolls Tagebüchern immer wieder zum Ausdruck kam, glaube ich, dass seine Seele höchstwahrscheinlich so lange bei ihr geblieben ist, bis sie sich ein wenig erholt hatte. Dies würde die fehlenden Stunden bis zu jenem Zeitpunkt erklären, an dem ich mich von völliger Dunkelheit umgeben über die Stadt hatte schweben sehen.

Auf den allerletzten Seiten des sechsten Sammelalbums hat Bertha auch einige Zeitungsberichte über Carrolls Beerdigung eingeklebt. Darin heißt es, zu der Trauerfeier in der Kirche Saint Thomas in New York City seien zahlreiche Mitglieder der New Yorker Künstlerszene sowie der Highsociety erschienen. Ein weiterer Artikel befasst sich mit der Aufstellung einer Büste des Künstlers in der Gould Memorial Library der New York University.

Als ich nach den zwei Tagen schließlich das letzte Sammelalbum zuklappte, wusste ich, dass meine bisherigen Beweise der 26 von insgesamt 28 Punkten nun noch fundierter waren (meine Antwort auf Frage 11, ob Beckwith sich Jack genannt hatte, war ja nur eine Vermutung, und Punkt 16, dass der Name von Beckwith' Frau ähnlich klinge wie »Amanda«, traf gar nicht zu). Entscheidender war jedoch, dass ich nach wie vor keinen Beweis dafür gefunden hatte, dass meine Hypnosewahrnehmungen nicht der Wahrheit entsprachen. Ich verspürte eine merkwürdige Traurigkeit, als eine Durchsage das Ende der Öffnungszeit ankündigte und der Bibliotheksgehilfe den Wagen mit den Sammelalben wegrollte. Durch meine Beschäftigung mit den Alben, Tagebüchern und der Autobiografie hatte ich auf Beckwith' gesamtes Leben zurückgeblickt – nun dachte ich über den Sinn dieses Lebens nach und darüber, was ich daraus hätte lernen sollen.

Am deutlichsten lehrte mich Beckwith' Leben, dass man lernen muss, unvermeidliche Veränderungen zu akzeptieren, statt sich ihnen zu widersetzen, nur weil sie nicht so sind wie das, was es immer schon gab. Wegen seines hartnäckigen Widerstands gegen aufkommende Strömungen der modernen Kunst wie den Impressionismus, den Kubismus und andere radikale Abweichungen vom traditionellen Kunstbegriff war Beckwith schließlich von seinen Zeitgenossen William Chase, John Sargent, Claude Monet und anderen überholt worden, die keine Angst vor Veränderungen hatten. Folglich sind über die drei eben genannten Künstler Bücher verfasst worden und ihre Gemälde sind ein Vermögen wert, während Beckwith' Vermächtnis im Großen und Ganzen mit ihm gestorben ist.

Die zweite bedeutende Lehre aus Beckwith' Leben war, dass man nicht so besessen hinter dem Geld her sein sollte wie er. Dadurch dass er nie zufrieden war, ganz gleich, wie viel Geld er verdiente, war es ihm letztlich schlechter gegangen als nötig. Als ihm sein Onkel bei seinem Tod etwa zehntausend Dollar hinterließ, am Ende des neunzehnten Jahrhunderts eine Menge Geld, freute Beckwith sich nicht besonders darüber. Aus seinem Tagebuch geht vielmehr hervor, dass er in späteren Jahren eine zunehmende Verbitterung darüber empfand, dass er nicht so viel Geld verdient hatte, wie ihm seiner Meinung nach zugestanden hätte. Hunderte und aberhunderte von Tagebucheinträgen bezeugen diesen Zwang, immer noch mehr Geld zu verdienen und zu besitzen, ein Zwang, der interessanterweise auch in Beckwith' letzten zehn Lebensjahren anhielt. Damals stand er finanziell ziemlich gut da, auch wenn man das aufgrund seines ewigen Lamentierens in den Tagebüchern kaum für möglich halten würde.

Auf dem Rückweg von der Historical Society zum Hotel dachte ich, dass mir jetzt nur noch eins zu tun blieb. Im Laufe meiner Recherchen hatte ich erfahren, dass die Beckwith' zwar ein Familiengrab in Illinois hatten, Bertha ihren Mann jedoch auf dem Kensico-Friedhof in Valhalla beerdigt hatte, einem Vorort von New York City. In der Sicherheit des fernen Indianapolis war es ein spannender Gedanke gewesen, das

Grab aufzusuchen – nun, da ich nur noch wenige Kilometer davon entfernt war, schien die Vorstellung nicht mehr ganz so verlockend. Aus unerfindlichen Gründen machte mich der Gedanke daran unsicher und nervös. Und doch, dachte ich, während ich Central Park West hinunterschlenderte, wie konnte ich dem Grab so nahe sein und es nicht besuchen? Wer hatte schon die Gelegenheit, zu Lebzeiten wissentlich sein eigenes Grab aufzusuchen? Das war garantiert eine Premiere. Trotzdem bekam ich bei der Vorstellung einen trockenen Hals und fühlte mich reichlich mulmig im Magen.

Da ich noch zwei Tage in New York blieb, beschloss ich am nächsten Tag, mir erst einmal anzuschauen, wo Beckwith gelebt und gearbeitet hatte; damit verschob ich den Besuch auf dem Friedhof, so ich denn überhaupt hinfahren würde, auf den letzten Tag. Als ich an jenem Nachmittag von einem Ort zum anderen spazierte, musste ich feststellen, dass von den gesuchten Plätzen keiner mehr existierte, wie auch so vieles aus dem New York Beckwith' nicht mehr da ist. Das Sherwood-Ateliergebäude, in dem der Maler lange Jahre gewohnt und gearbeitet hat, gibt es nicht mehr. An der Stelle des Wohnhauses in der East 58th Street, in dem Bertha und er eine Zeit lang gewohnt hatten, steht nun ein riesiges Bürohochhaus, während dort, wo sich früher das Schuyler-Hotel befand, in welchem Beckwith gestorben war, heute ein kleiner Park liegt. Die Art Students' League dagegen, bei der Beckwith zwanzig Jahre lang als Lehrer tätig gewesen war, existiert noch, hat ihren Sitz jedoch heute in den ehemaligen Räumen der American Fine Arts Society in der West 57th Street, interessanterweise nur zwei Häuserblocks von Beckwith' früherem Wohnsitz und Atelier im Sherwood-Gebäude entfernt.

Am Vorabend meines letzten Tages in New York schwankte ich hin und her – mal entschied ich mich für, mal gegen einen Besuch am Grab. Am nächsten Morgen dann stand ich früh auf, zog mich an und fuhr mit dem Taxi zum Bahnhof Grand Central Station, bevor ich überhaupt Zeit hatte, nachzudenken und vielleicht doch zu kneifen. Am Anfang meiner Dienstzeit bei der Polizei kannte ich dieses Gefühl genau – es war Angst; doch ich wusste auch, wie ich damit umgehen musste. Aufgrund von ähnlichen Erfahrungen versucht man in solchen Situationen herauszufinden, wovor man eigentlich Angst hat, überlegt, welche Variablen die gegenwärtige Situation enthält und wie man jeder einzelnen begegnen könnte. Dadurch verliert man einen Großteil der Angst, weil nur noch wenige Unbekannte übrig bleiben. In meiner derzeitigen Lage funktionierte dies allerdings nicht. Ich konnte keine der Variablen einschätzen, weil die Situation einfach völlig neu für mich war. Trotzdem sagte ich mir ein ums andere Mal, dass ein Elfjähriger vielleicht Angst vor einem Grab haben mochte, aber doch kein Police Captain, und dass ich einfach meine Fantasie mit mir durchgehen ließ.

Als ich aus dem Taxi gestiegen und das Bahnhofsgebäude betreten hatte, verstand ich bald, woher der Ausdruck »so voll wie die Grand Central Station« kam. Zuerst war ich entsetzt über den Anblick der vielen Menschen, die Fahrkarten kaufen wollten, doch dann merkte ich, dass sich die langen Schlangen vor den

Schaltern recht schnell bewegten. Schon nach ein paar Minuten trat ich an die Glasscheibe und erwarb eine Fahrkarte für die Metro-North Railroad Harlem Line nach Valhalla.

Da ich auf keinen Fall herumstehen und darüber nachdenken wollte, was ich zu tun im Begriff war, vertrieb ich mir die kurze Wartezeit damit, mir den Bahnhof anzuschauen und ausgiebig den Tierkreis zu bewundern, der an die Decke der Eingangshalle gemalt war. Dann musste ich mich beeilen und sprang im letzten Moment in den Zug. Als ich nach einer angenehmen, gut halbstündigen Fahrt in dem nur halb vollen Wagen ausstieg, hatte ich das Gefühl, mich ebenso gut in Indiana befinden zu können. Dem beschaulichen kleinen Städtchen merkte man überhaupt nicht an, dass es so dicht neben einer der größten Städte der Welt lag. Beim Verlassen des Bahnsteigs fiel mir ein, dass ich gar nicht genau wusste, wo der Kensico-Friedhof lag. Ich wusste nur, dass er irgendwo in Valhalla war, also ging ich zu einem Feinkostgeschäft gegenüber, um mich zu erkundigen.

»Ja, zum Kensico sind es von hier nur ungefähr achthundert Meter«, gab der Kassierer mir Auskunft. »Gehen Sie zur Brücke hinauf und biegen Sie dort links ab. Sie können ihn gar nicht verfehlen.« Ich bedankte mich. Da es draußen angenehm kühl war und ein leichter Wind wehte, machte ich mich zu Fuß auf den Weg zum Friedhof.

Bis dorthin kam es mir nicht annähernd so weit vor wie der anschließende Weg über das fast zwei Quadratkilometer große Friedhofsgelände, denn es stellte sich heraus, dass ich Kensico durch den Hintereingang betreten hatte. Doch es war ein schöner Tag im August, ich ließ mir einfach Zeit herumzuschlendern und genoss den kühlen Wind im Gesicht.

Als ich endlich beim Büro der Friedhofsverwaltung ankam, traf ich dort eine außerordentlich hilfsbereite Dame an. Auf einer Karte sämtlicher Grabstellen des Friedhofs markierte sie genau, wo sich Beckwith' Grab befand, und überreichte mir eine recht kompliziert aussehende Karte, auf der sie mit einem Textmarker den Weg vom Büro zu dem Grab einzeichnete. In einer Broschüre, die ich ebenfalls von ihr erhielt, hieß es, auf dem Kensico-Friedhof lägen mehrere Berühmtheiten begraben, darunter der Schauspieler Danny Kaye, die Schriftstellerin Ann Rand, der Baseballstar Lou Gehrig, der Musiker Tommy Dorsey und der Funker David Sarnoff. Der letzte Name sagt vielen vielleicht nichts; Sarnoff war der Funker, der den Notruf empfangen hatte, dass der Ozeandampfer *Titanic* mit einem Eisberg kollidiert sei und sinke.

Da ich den genauen Maßstab der Karte nicht kannte, wusste ich nicht, wie weit es zu Beckwith' Grab war, dankte der Dame jedoch für ihre Hilfe und marschierte los. Auf dem Weg entlang der markierten Route entdeckte ich, dass der Kensico ein wunderschön angelegter und gepflegter Friedhof war, auf dem es auch zahlreiche private Familiengrabstätten mit zum Teil großen, reich verzierten und offensichtlich sehr teuren Grabmälern gab. Einige sahen aus wie kleine griechische Tempel, eines war eine Pyramide, in deren Seitenwänden die Familienmitglieder begraben waren. Sie mussten wohl wie die ägyptischen Pharaonen geglaubt haben, das Errichten einer großen, kunstvollen Grabstätte gewähre ihnen auf irgendeine Weise Unsterblichkeit, sinnierte ich, während ich meine Karte weiterhin nach meiner Laufrichtung ausrichtete.

Als ich an einer Wegkreuzung die Karte studierte, stellte ich fest, dass Beckwith' Grab sich auf dem größten Hügel des Friedhofs befand. Einen Moment lang blieb ich stehen, schaute hinauf und machte mir nochmals bewusst, was ich wenig später sehen würde. Wie viele Menschen hatten wohl bereits die Gelegenheit gehabt, den Ort zu besuchen, an dem sie einst begraben wurden? Wie viele konnten jemals ihr eigenes Grab besichtigen? Als ich kurz darauf beinahe auf dem Hügel angekommen war, spürte ich mein Herz heftig gegen meine Rippen hämmern und bemerkte, dass ich keuchte wie ein Nichtschwimmer, der nach unerwartetem Untertauchen wieder an die Wasseroberfläche kommt. Und obwohl die Luft immer noch angenehm kühl war, spürte ich Schweißtropfen an mir hinunterlaufen. Ich konnte es nicht fassen. Das war ja lächerlich. So anstrengend war der Weg auf den Hügel nun auch wieder nicht gewesen und ich wusste, dass meine Kondition viel zu gut war, um solches Herzklopfen und Keuchen zu rechtfertigen. Im Vorjahr waren mein Bruder und ich in den Grand Canyon hinunter- und wieder hinaufgewandert. Um mich auf diese Tour vorzubereiten (knapp 13 Kilometer hinunter und auf einem anderen Weg 16 Kilometer hinauf), hatte ich ein Jahr lang intensiv trainiert und das auch danach beibehalten. Nicht einmal nach dem Aufstieg aus dem Grand Canyon hatte ich solches Herzklopfen gehabt und selbst in der dünnen Luft dort oben war mein Atem nicht so schmerzhaft und rasch gegangen.

Oben auf dem Hügel blieb ich stehen, um mich wieder in die Gewalt zu bekommen. Ich hatte schnell begriffen, dass ich eine Panikattacke hatte. Als ich noch ein ganz junger Polizist war, hatte ich in gefährlichen Situationen öfters so reagiert, zum Beispiel, wenn ich in einer dunklen Lagerhalle nach Einbrechern suchen oder ein Haus betreten musste, in dem sich ein Bewaffneter befand, der bereits jemanden verletzt hatte. Dann schlug mir das Herz in der Brust wie einem Schlagzeuger auf einem LSD-Trip. Der Schweiß floss mir in Strömen und ich schnappte nur so nach Luft. In der Regel traten noch zwei weitere körperliche Symptome auf: Mein linkes Knie begann, gegen meinen Willen zu zittern, und in den Fingern spürte ich das kalte Kribbeln von Adrenalin. Damals war ich mit solchen Situationen fertig geworden, indem ich die Symptome einfach ignorierte, das linke Knie durchdrückte und mich der Gefahr stellte in der Hoffnung, dass niemand merkte, welche Angst ich eigentlich hatte.

Glücklicherweise verliert man nach einigen Jahren bei der Polizei die übermächtige Angst in derart riskanten Situationen. Irgendwann weiß man einfach, was auf einen zukommt. Erfahrene Polizisten kennen die wahrscheinlichsten Reaktionen ihres Gegenübers und können entsprechend damit umgehen. Die meisten heftigen Angstsymptome, unter denen Anfänger leiden, verschwinden nach einiger Zeit mit der Erfahrung.

Doch als ich nun oben auf dem Hügel stand, zu Beckwith' nur noch fünfzig Meter entferntem Grab hinüberschaute und begriff, dass ich ganz und gar nicht wusste, was da auf mich zukam, spürte ich sowohl das

Zittern des Knies als auch das Kribbeln in den Fingern. Ich fühlte mich wieder wie ein blutiger Anfänger. Eine Weile stand ich einfach da, atmete tief durch und sagte mir, ich sei ja albern, doch die Symptome verschwanden nicht. Im Kopf war mir klar, dass ich überhaupt nichts zu befürchten hatte, doch meinen Körper konnte ich davon anscheinend nicht überzeugen. Ich wusste, dass hier keine Gespenster oder Geister sein konnten, denn der Geist, der in Beckwith' Körper gewesen war, hauste ja nun in meinem. Doch mein Körper hörte einfach nicht auf meinen Verstand – er merkte nur, dass ich nie zuvor in einer solchen Lage gewesen war und keine Ahnung hatte, was ich zu erwarten hatte. Schließlich tat ich genau dasselbe wie so oft als junger Polizist: Ich holte ein paar Mal tief Luft, drückte das linke Knie durch und stellte mich der Situation.

Als ich auf das Grab zuging, das auf der Karte markiert war, zitterte mein Knie jedoch weiter, so sehr ich mich auch bemühte, das zu unterdrücken. Ich näherte mich dem Grabstein so vorsichtig wie einem knurrenden Hund – er sah aus wie eine niedrige Steinbank und ich stellte mir vor, dass Bertha hierher gekommen und darauf gesessen hatte. In einigen Metern Entfernung blieb ich stehen und schaute mir bestimmt eine Minute lang das Grab an. Nichts Außergewöhnliches geschah, und doch blieb mein Körper weiterhin in Alarmbereitschaft. Mein Herz hämmerte immer noch rasch, mein Atem ging immer noch rau und schnell. Dazu verspürte ich plötzlich auch noch den Drang, zur Toilette zu gehen, ebenfalls ein Anfängersymptom. Wie viel Adrenalin konnte der Körper eigentlich produzieren, fragte ich mich, während mir das Kribbeln durch die Arme in die

Hände strömte wie Wellen, die auf einen Strand schwappen.

Schließlich sagte ich laut, als ob das nötig sei, um mich selbst wirklich davon zu überzeugen: »Verdammt noch mal, Bob, jetzt bist du seit dreißig Jahren bei der Polizei und benimmst dich wie ein elfjähriges Kind an Halloween! Schluss jetzt! Du brauchst überhaupt keine Angst zu haben!« Doch so angestrengt ich mir das auch einredete, ich merkte, ich würde meinen Körper nicht davon überzeugen können, dass alles in Ordnung sei. Die Panikattacke ging mit unverminderter Heftigkeit weiter. Und doch – obwohl ich wusste, wie ich sie beenden konnte, nämlich indem ich einfach von hier verschwand – war mir zugleich klar, dass ich nicht ohne weiteres wieder gehen konnte, ohne mir irgendwie zu beweisen, dass ich meine Angst besiegt hatte. Als mein Blick auf zwei Arbeiter fiel, die in der Nähe damit beschäftigt waren, die Hecken zu schneiden, wusste ich plötzlich, was ich zu tun hatte.

Ich atmete tief durch, ging zu ihnen hinüber und fragte einen der beiden, ob er wohl so nett sein könnte, mich an dem Grab zu fotografieren. Dabei stellte ich fest, dass meine Symptome nachließen, sobald ich mich von dem Grab entfernte. Als ich mich jedoch dem Grab wieder näherte, kehrten sie ebenso heftig zurück wie zuvor, sodass ich mein linkes Bein fest auf den Boden pflanzte, das Knie durchdrückte und versuchte, für das Foto gelassen auszusehen. Ich wartete eine Ewigkeit darauf, dass der Mann das Foto schoss; er schien unendlich lange zu brauchen, bis er die Kamera richtig eingestellt hatte. Als ich endlich den Auslöser klicken hörte, fand ich, ich hätte mir nun genügend bewiesen,

Robert L. Snow besucht »sein« Grab im Staat New York.
Fotografien des Autors

CARROLL BECKWITH
1852 — 1917
AND HIS WIFE
BERTHA HALL

dass ich stärker als meine Angst war. Ich nahm meine Kamera wieder entgegen, dankte dem Mann für seine Hilfe und verließ schnurstracks den Friedhof, um nie mehr zurückzukommen. Nie mehr.

Was hat das alles zu bedeuten?

Natürlich habe ich mich nach Abschluss meiner Nachforschungen oft gefragt: »Was hat all das, was ich herausgefunden habe, zu bedeuten?« Wenn ich darüber nachdenke, merke ich freilich deutlich, dass ich gewisse Mängel habe, da ich nun einmal Polizist bin und kein Philosoph oder Theologe. Das hat sich bei dieser Frage als entscheidender Nachteil erwiesen, denn für die Antwort spielen Philosophie und Theologie doch eine bedeutende Rolle. So kann ich beispielsweise nicht glauben, dass ich unter all den Milliarden von Menschen, die schon auf der Erde gelebt haben, ein Einzelfall sein soll, dass ich seit Johannes dem Täufer, von dem manche sagen, Jesus bezeichne ihn im Matthäusevangelium als Reinkarnation des Elia, der einzige wiedergeborene Mensch sein soll.

Und selbst ein Rückblick auf die Art und Weise, wie es mir gelungen ist, meine Untersuchungen erfolgreich abzuschließen, wirft ähnliche Fragen auf. Dass ich während meiner Rückführung ein bestimmtes Gemälde erblickt hatte, dann zufällig gerade in die Stadt gefahren war, in der sich das Bild zu der Zeit befand, und schließlich zufällig ausgerechnet jene unbedeutende kleine Galerie aufgesucht hatte, wo das Bild gerade ausgestellt wurde, strapazierte die Glaubwürdigkeit der Theorie, das alles nur ein einziger großer Zufall gewesen sei, doch allzu sehr.

Im Übrigen war dies ja auch nicht das einzige Mal, das irgendetwas, das zunächst wie ein erstaunlicher Zufall aussah, mich mit Informationen über Carroll Beckwith förmlich zuschüttete. Als ich auf der Suche nach dem Verbleib des Porträts von der buckligen Frau die Kunsthändler befragt hatte, reichte mir einer von ihnen ein Exemplar der Fachzeitschrift *American Art Review* als Beispiel dafür, auf welche Weise Kunsthändler erfahren, welche Bilder ihre Kollegen haben. Als ich das Heft aufschlug, sah ich als Erstes den Abdruck eines Gemäldes von Beckwith mit dem Titel »Greene«. Später setzte ich mich mit dem Kunsthändler in Verbindung, in dessen Besitz sich dieses Gemälde befand, und er nannte mir den Namen eines Experten auf dem Gebiet der amerikanischen Malerei, dessen Dienste er öfters in Anspruch nahm und der mir dann auch sagen konnte, wo sich die Sammelalben des Beckwith befanden.

Als Polizist kann ich nach meinen Ermittlungen nur zu dem Schluss kommen, dass ich in meinem Unterbewusstsein offenbar tatsächlich Carroll Beckwith' Erinnerungen gespeichert habe. Infolgedessen muss ich freilich auch glauben, dass ich außerdem Erinnerungen eines Altarmädchens der griechischen Antike und eines prähistorischen Höhlenmenschen in mir trage. Was dies jedoch in dem größeren Zusammenhang von mehreren Milliarden Erdenbewohnern bedeutet, überlasse ich lieber den Philosophen und Theologen.